编委会

前言

　　加强"三农"工作，积极发展现代农业，扎实推进社会主义新农村建设，是全面贯彻习近平新时代中国特色社会主义思想，加快社会主义现代化建设的重大任务。近年来，我区休闲农业形成了发展加快、布局优化、质量提升、领域拓展的良好态势。发展休闲农业，可充分开发利用农村旅游资源，调整和优化农业结构，拓宽农业功能，延长农业产业链，促进农民转移就业，增加农民收入，统筹城乡发展，拓展城乡之间的互动，让城市游客将城市的先进经济文化意识等信息传播到农村，使农民不用外出就能接受现代化意识观念和生活习俗，提高农民素质，形成新的文明乡风，对建设社会主义新农村，扩大内需及统筹城乡发展都具有重要作用。

　　当然，发展休闲农业需要社会各界的参与，特别是从事农业产业化管理的人员、休闲农业企业的经营者及广大具有现代科技知识的农民。为了普及休闲农业知识，我们结合自治区农业农村厅《休闲农业分类及农庄升级规范》及区内外休闲农业发展状况，在征求原作者的同意后，对《休闲农业与乡村旅游知识读本》的内容做了更新和修订，编写了这本《休闲农业发展模式探析》，以反映最新的休闲农业研究成果，供从事农业产业化管理的人员、休闲农业企业的经营者及广大农民学习培训使用。

由于时间仓促，内容难免有不足之处。在此，我们真诚希望读者批评指正。

编者

2024 年 5 月 30 日

目录

第一章　休闲农业概述

　　休闲农业是以农业生产、农村风貌、农家生活、乡村文化为基础，以促进农业强、农村美、农民富裕为目标，以农业旅游文化"三位一体"，生产生活生态同步改善，农村一、二、三产业深度融合为途径，注重开发农业多种功能和乡村多元价值，为消费者提供产业观光、生态康养、农事体验、文化传承、休闲娱乐、旅游度假等服务的新型产业。

　　休闲农业是以农业为基础，以休闲为目的，以服务为手段，以城市游客为目标，农业和旅游业相结合，第一产业和第三产业相结合的新型产业形态。休闲农业是深度开发农业资源潜力，调整农业结构，改善农村环境，增加农民收入的新途径。

第一节　农业与休闲农业

　　从现代经济发展来看，农业具有狭义和广义之分。在我国，狭义农业指农作物种植业；广义的农业则包括农、林、牧、副、渔五业，指人们利用动植物的生长能力，采取人工培育种植养殖的办法取得产

1

品的物质生产产业。

休闲农业指广泛利用城市郊区的空间、农业的自然资源和人文资源，以市场经济为主导，以现代科学为支撑，以金融资本为基础，通过合理规划、设计、施工，建立集农业生产、生态、生活于一体的农业区域，在实现高科技、高效益、集约化、市场化的现代经营活动的同时，美化景观，保护环境，提供观光旅游并可持续发展的新型农业，它是农业的重要组成部分。休闲农业并不包括以名胜古迹为主的旅游业。休闲农业是以农业活动为基础，农业和旅游业相结合的一种新兴的交叉型产业；是以农业生产为依托，与现代旅游业相结合的一种高效农业。休闲农业实现了农业生产方式、经营方式以及消费方式的创新，是世界农业未来发展的一种新思路、新模式，也是我国现代农业具有发展前途的一项特色产业。

我国的休闲农业兴起于 20 世纪 80 年代居住在城市的居民对郊野景色的欣赏和果品的采摘活动，最后引发了全国范围内对休闲农业的全方位建设与开发。

休闲农业以开发具有观光、旅游价值的农业资源和农业产品为前提，以规划、设计、修建农业景观与设施为手段，以观光、休闲、采摘、购物、品尝、农事活动体验为旅游功能目的，既不同于单纯的农业，也不同于单纯的旅游业，具有集旅游观光、农业高效生产、优化生态环境、增加生活体验和提升社会文化功能于一体的显著特点。

休闲农业以农业生产、农村风貌、农家生活、乡村文化为依托，使旅游业获得更大的发展空间，丰富了传统旅游业的内容。休闲农业的基本性质主要包括以下几个方面。

第一，农业与旅游业两个产业的有机结合使休闲农业具有农业和旅游业的双重产业属性，二者互为依托，相得益彰，体现了农业发展的新方向。

第二，休闲农业的产业发展以农业生产的现代化生产和经营为基础，以产业规划与旅游市场的农业旅游需求为导向，按照市场规律进行和发展。

第三，休闲农业的产业形成中农业和旅游业交叉渗透，使其内含的农业生产效益和旅游经营效益具有互动性和叠加性，体现了行业间的相互依存关系。

第四，休闲农业的产业开发以农业生态景观为资源条件，具有明显的地域性和季节性，强调了基础条件的重要性。

第五，休闲农业的产业开发对当地土地资源的利用采用多种方式，具有较强的可持续发展特性，为未来农业进一步发展奠定了基础。

第二节　休闲农业的特点和分类

一、休闲农业的特点

1. 休闲农业具有乡土性。休闲农业是发生在乡村地区，以乡村自然资源、农业资源、人力资源、民俗文化资源为旅游吸引物的经营活动，独有的乡村特色和乡土风情是其突出特点。

2. 休闲农业具有强烈的休闲性。到乡村旅游，是城市居民周期性调节生活方式的重要选择之一，他们大多利用双休日和节假日到乡村观光，是一种以休闲为目的的短途旅游。

3. 休闲农业具有自由性。游客主要采取自我服务的组织形式，以单位、家庭和亲朋好友为主要团体模式，自己选定旅游地点和旅游路线，活动安排具有个性化。

4. 休闲农业具有参与性。休闲农业除了观光欣赏以外，还为游客提供实践和参与的机会，使游客体验农村生活与农业生产，增加其对农村的认识。

5. 休闲农业具有时空性。时间上，游客出游多为春、秋两季，由于有适宜的气候条件，是出游的旺季；而夏季和冬季，是出游的淡季。在区域上，南方一年四季气候适宜，乡村旅游处于旺季；北方由于冬季寒冷，适宜开展冬季性旅游和民俗旅游。

6. 休闲农业贴近自然。乡村自然环境优美，山好、水好、空气好，是城里人回归自然、感悟自然、融入自然的好去处。

二、休闲农业的分类

休闲农业按其基本功能可划分如下。

1. 观赏型休闲农业。包括蔬菜、瓜果、林区、水产等各种观赏馆区，以及各种手工工艺观赏中心、生态观赏园等。

2. 品尝型休闲农业。包括野菜、瓜果、奶制品、山珍、水产品等各种特色产品的品尝中心等。

3. 购物型休闲农业。包括各种新型农产品、山珍野果、畜牧产品、水产品及工艺品购物中心等。

4. 参与型休闲农业。包括瓜果采摘园、挤奶厂、垂钓园、捕捞场、渔船驾驶中心、手工艺自编场、生态研究观察场所等。

5. 娱乐型休闲农业。包括森林野营地、跑马场、斗马场、斗牛场、斗鸡场、狩猎场等。

6. 疗养型休闲农业。包括各种农林浴场、海滨浴场等。

7. 度假型休闲农业。包括森林避暑营地、生态农业观光休闲地等。

第三节　休闲农业的作用

休闲农业的作用是多方面的，涵盖了经济、社会、文化、生态等多个领域。

一、经济作用

一是促进农民增收。休闲农业为农民提供了除传统农业生产外的增收途径，通过为游客提供观光、休闲、体验等服务，农民可以获得额外的经营性收入。二是推动农村经济发展。休闲农业的发展带动了农村相关产业的发展，如餐饮、住宿、农产品加工等，促进了农村经济的多元化和繁荣化。三是优化农业结构。休闲农业促进了农业与旅游业的融合，推动了农业产业结构的优化升级，提高了农业的综合效益。

二、社会作用

一是促进城乡交流。休闲农业为城市居民提供了一个了解农村、体验农耕文化的平台，促进了城乡之间的交流和互动，有助于缩小城乡差距。二是增加就业机会。休闲农业的发展为农村创造了更多的就业机会，特别是为农村妇女和剩余劳动力提供了就地就近的就业机会。三是促进社会和谐。休闲农业通过促进农村经济发展、增加农民收入、改善农村面貌等方式，促进农村社会的和谐稳定。

三、文化作用

一是传承农耕文化。休闲农业在发展过程中深入挖掘和整理农村文化资源，如民俗风情、传统手工艺、农耕文化等，并通过展示、体验等方式让游客了解和学习，有助于农耕文化的传承和发展。二是丰富文化体验。休闲农业为游客提供了丰富的文化体验活动，如农事活动体验、民俗表演观赏等，让游客在休闲娱乐中感受到农村文化的魅力。

四、生态作用

一是保护和改善生态环境。休闲农业注重生态环境的保护和改善，通过推广生态农业、绿色农业等理念和技术手段，减少化肥农药的使用量，保护农村生态环境和自然景观。二是提升环境品质。休闲农业的发展促进了农村基础设施的改善和美化工作，提升了农村环境品质和生活质量。

五、游憩作用

一是提供休闲场所。休闲农业为游客提供了观光、休闲、体验、娱乐等多种活动的场所和服务，满足了人们追求休闲放松的需求。二是缓解压力。休闲农业的优美自然环境、新鲜空气和宁静空间有助于游客放松身心、缓解工作和学习的压力。

六、教育作用

一是提供农业知识教育平台。休闲农业通过独特的经营方式和活动内容，为游客提供了一个认识农业生产、了解农村生活、亲近农业生态环境的平台。游客在参与休闲农业活动的过程中，可以直观地了解农作物的生长过程、农业生产技术、农村生活方式等方面的知识，从而加深对农业的理解和认识。二是提供亲子教育和家庭教育场所。许多家庭会选择在周末或假期带孩子前往休闲农业园区，参与各种农事活动和体验活动。这些活动不仅有助于增进家庭成员之间的感情交流，还能够让孩子在亲身实践中学习到农业知识和生活技能，培养他们的动手能力和创新精神。

综上所述，休闲农业在促进农村经济发展、增加农民收入、推动农业产业结构优化升级、促进城乡交流和社会和谐、传承农村文化、保护和改善生态环境以及提供休闲游憩场所等方面都发挥着重要作用。

第二章 休闲农业的发展

第一节 休闲农业的发展意义

充分依托和利用"三农"资源，发展以旅游观光为主要内容的休闲农业，是农业和农村积极贯彻落实党和国家重大工作部署的必然要求。它不仅促进了农业与旅游业的融合，还带来了多方面的积极影响。

一、有利于提高农业的比较效益

传统农业是一种弱质性产业，其利益相对偏低，发展休闲农业不仅能扩大农产品销售市场，增加农产品销售量，提高农产品商品率，而且能把农业的生态效益和民俗文化等无形产品转化为合理的经济收入，提高了农产品的附加值，从而大大提高农业的经营效益，促进农民增收。

休闲农业的发展将给传统农业发展注入新的活力，使农业的经营不再拘泥于传统的生产经营方式。有条件的地区，利用现代科技开发出新型的农业经营方式，既具有现代农业生产的教育、示范作用，又对新品种的引进、培育，新技术的开发、推广起到了重要作用。

二、有利于调整和优化产业结构

休闲农业具有很强的产业带动性，它打破了一、二、三产业的界限，能够扩大交通运输业、商业、工艺制造业、食品加工业、饮食服务业等产业的市场需求，进而促进和带动相关产业的发展，有助于形成供、产、销和旅、工、农以及科、工、贸的产业化生产体系，从而带动整个地区产业结构的调整和优化。

三、有利于农村剩余劳动力资源的利用

休闲农业属于劳动密集型产业。发展休闲农业，需要一整套的服务设施，需要提供住宿、餐饮等相关服务，能吸收大量劳动力做导游、管理人员、服务人员。理论上，能够创造直接的就业机会，因此，发展休闲农业可在一定程度上解决农村剩余劳动力问题，提高农民的收入水平。

传统农业生产的土地利用模式以平面结构为主，而以现代农业为特征的休闲农业，在现代生产技术的支持下，其土地利用模式则以立体结构为主，这可以极大地提高土地生产效率，并可使农业生产突破传统方式受制于土地资源供给的局限，开发土地经济供给的无限性。例如，毗邻广州市中心区的番禺化龙农业大观园，是一个典型的休闲农业开发区，其土地的利用从水面、塘基、田面、坡地、山岭形成了一个完整的立体生产系统，即形成了鱼、鸭、猪、蕉农作物果园园艺圃以及茶树的农业生产结构体系，土地的生产性能得到了充分的开发，农业生产和经济组合也得到最佳体现。

四、有利于提高劳动者素质，缩小城乡差别

休闲农业的发展除了需要农业生产者以外，更不可缺少的是一批农业生产的管理者、规划者，以及从事旅游服务的接待者与经营管理

者。因此，植根于本土本乡的休闲农业发展将有利于培养高素质的劳动力，对农业生产和经营管理提出了更高要求，既需要掌握农业科技的工程技术人员，更需要高层次、复合型的管理人才。通过这些高素质人才的带动，以及与都市游客的接触、交流、学习，可以提高农村劳动者的素质，促进新知识和新观念与现代意识的传播，造就高素质的新型农民。同时，通过休闲农业的示范和推广作用，能够带动整个休闲农业区经济的发展，缩小城乡差别。

五、有利于促进农村城镇化进程

目前我国总体上已进入了以工促农、以城带乡的发展阶段。发展休闲农业适应城镇居民消费结构升级的需要，实现了"大农业"和"大旅游"的有效结合，加快了城乡融合和三个产业的联动发展，不仅扩大了城镇居民在农村地区的消费，还加快了城市信息、资金和技术等资源向农村的流动。

休闲农业在经营开发中，解决旅游者的吃、住、行问题是非常重要的。因此，随着休闲农业的开发，基础设施建设势必要不断增加，交通、商业、旅游服务业也会随之而上。这客观上为乡村的城镇化发展提供了物质基础，亦可助力缩小城乡差距。

六、有利于保护和改善当地的生态环境，提高农业经济效益

发展休闲农业有利于解决农业的生态效益、社会效益和自身经济效益低的矛盾。农业是人类生存的基础，它以动、植物为生产对象，不仅给我们提供粮食和其他生活资料，而且给我们提供新鲜空气和优美环境，其社会效益和生态效益是其他产业无法比拟的。而农业又是天然的弱质性产业，生产周期长，季节性强，受自然条件变化影响大；多数农产品易腐烂，供给价格弹性小；我国农业技术还相对落后，农业经营规模小，抗风险能力差，这使得我国农业风险大而相对效益低。

休闲农业不仅以农业生产方式、多种参与活动、民俗文化吸引游客，而且以优美的环境给游客带来美的享受。由于开发休闲农业而投资的公共设施及美化、清洁等条件的改善，可促使农村环境改善，在客观上促进了环境保护。休闲农业园区通过直接出售新鲜或加工过的农产品，加快了市场流通，也提高了农产品的商品量；通过合理的门票收入和其他服务收入，把农业的生态效益、社会效益转化为合理的经济收入，从而提高了农业的经济效益。

七、有利于促进旅游业发展，形成新的经济增长点

长期以来，我国的旅游业以自然资源、文化资源的开发为主体。上下五千年的人类文明史、多民族文化及水美山奇、地大物博的自然条件是我国旅游业发展的基础。休闲农业是农业与旅游业相结合的产物。其开发基础是农业生产与农业生态景观的有机结合，这是旅游资源开发的新形式，为传统的中国旅游业发展增添了新的动力。特别是它能满足城乡居民摆脱城市喧闹、紧张工作、繁杂生活，追求返璞归真的需求，能弥补城市文化缺陷，为假日旅游、休闲旅游、教育旅游、生态旅游、农业观光等发展开拓了新天地。

休闲农业现实和潜在的消费需求都非常旺盛，不仅符合城镇居民回归自然的消费心理，而且有利于开阔农民眼界，增强广大农民的发展实力，使农村成为中国旅游业最大的客源市场。农村是旅游资源丰富地区，休闲农业发展丰富了旅游产业的供给体系，将成为中国旅游产业的主要支撑。

总之，发展休闲农业促使广大农民向非农领域转移，加快了农民脱贫致富的步伐，成为农村经济新的增长点，使传统农业增添了附加值，农业生产力得到了进一步发展。休闲农业推动了现代农业体系的建设，农村产业结构得到合理的优化和调整，加速了农业基础设施建设，使农村环境卫生和村容村貌得到了明显改善，农民思想观念和文化程度明显提高。

第二节 休闲农业的发展模式

休闲农业的发展模式丰富多样，主要包括以下几种。

一、田园农业旅游模式

田园农业旅游以农村田园景观、农业生产活动和特色农产品为旅游吸引物，开发农业游、林果游、花卉游、渔业游、牧业游等不同特色的主题旅游活动，满足游客体验生活，回归自然的心理需求。

（一）田园农业游

以大田农业为重点，开发欣赏田园风光、观看农业生产活动、品尝和购置绿色农产品、学习农业技术知识等旅游活动，让游客达到了解和体验的目的。如上海孙桥现代农业观光园、北京顺义三高农业观光园等。

（二）园林观光游

以果林和园林为重点，开发采摘、观景、赏花、踏青、购置果品等旅游活动，游客可以观赏景观，亲近自然，如四川泸州张坝桂圆林等。

（三）农业科技游

以现代农业科技园区为重点，开发观看高新农业技术和品种、温室大棚内设施农业和生态农业等旅游活动，游客可增长现代农业知识，如北京小汤山现代农业科技园等。

（四）参与体验游

通过参加农业生产活动，与农民同吃、同住、同劳动，游客可体验农业生产，了解农耕文化。

二、科普教育旅游模式

利用农业观光园、农业科技生态园、农业产品展览馆、农业博览园和农业博物馆，为游客提供了解农业历史、学习农业技术、增长农业知识的休闲旅游活动。

（一）农业科普教育基地

在农业科研基地基础上，利用科研设施作景点，以高新农业技术为教材，向农业工作者和中小学生进行农业技术教育，形成集农业生产、科技示范、科研教育于一体的新型科教农业园。如北京昌平区小汤山现代农业科技园、陕西杨凌全国农业科技观光园等。

（二）观光休闲教育农业园

利用当地农业园区的资源环境、现代农业设施、农业经营活动、农业生产过程、优质农产品等，开展农业观光、参与体验、DIY 教育活动，如广东高明蔼雯教育农庄。

（三）少儿教育基地

利用当地农业种植、畜牧饲养、农业研学基地等，让中小学生参与休闲农业活动，学习农业技术知识，提升青少年劳作技能。

（四）农业博览园

展示当地农业技术、农业生产过程、农业产品、农业文化等，供游客参观，了解相关知识。如沈阳市农业博览园、山东寿光农业博览园等。

三、农家乐旅游模式

指农民利用自家庭院、自己生产的农产品及周围的田园风光、自然景观，以低廉的价格吸引游客前来参与吃、住、玩、游、娱、购等旅游活动。

（一）农业观光农家乐

利用田园农业生产及农家生活，吸引游客前来观光、休闲和体验，如四川成都龙泉驿红砂村农家乐、湖南益阳花乡农家乐等。

（二）民俗文化农家乐

利用当地民俗文化，吸引游客前来观赏、娱乐、休闲，如贵州郎德上寨民俗风情农家乐。

（三）民居型农家乐

利用当地古村落和居民住宅，吸引游客前来观光旅游，如广西阳朔特色农家乐。

（四）休闲娱乐农家乐

以优美的环境、齐全的设施、舒适的服务，为游客提供吃、住、玩等旅游活动，如四川成都农科村农家乐。

（五）食宿接待农家乐

以舒适、卫生、安全的居住环境和可口的特色食品，吸引游客前来休闲旅游，如江西景德镇的农家旅馆、四川成都的乡林酒店等。

（六）农事参与农家乐

以农业生产活动和农业工艺技术，吸引游客前来休闲旅游。

四、民俗风情旅游模式

以农村风土人情、民俗文化为旅游吸引物开展的旅游活动，充分突出农耕文化、乡土文化和民族文化特色，开发农耕展示、民间技艺、节庆活动、民族歌舞等。

（一）农耕文化游

利用农耕技艺、农耕用具、农耕节气、农产品加工活动等开展农业文化旅游，如新疆吐鲁番坎儿井民俗园。

（二）民俗文化游

利用当地居住、服饰、饮食、礼仪、节令、游艺等开展民俗文化游，如山东日照市任家台民俗村。

（三）乡土文化游

利用民俗歌舞、民间技艺、民间戏剧等开展乡土文化游，如湖南怀化荆坪古文化村。

（四）民族文化游

利用民族风俗、民族习惯、民族村落、民族歌舞、民族节日等开展民俗文化游，如内蒙古呼伦贝尔金帐汗旅游部落。

五、村落乡镇旅游模式

以古村镇宅院建筑和新农村建设格局为旅游吸引物，开发观光旅游。

（一）古民居和古宅院游

大多是利用明、清两代村镇建筑来发展观光旅游，如山西的王家大院和乔家大院、福建闽南的土楼等。

（二）民族村寨游

利用具有特色的村寨发展观光旅游，如云南瑞丽傣族自然村、红河哈尼族民俗村等。

（三）古镇建筑游

利用古镇房屋建筑、街道、店铺、古寺庙、园林来发展观光旅游，如山西平遥、云南丽江、浙江南浔、安徽徽州等地的古镇建筑。

（四）新村风貌游

利用现代农村建筑、民居庭院、街道格局、村庄绿化、工农企业来发展观光旅游，如北京韩村河、江西华西村、河南南街等。

六、休闲旅游度假模式

依托自然优美的乡野风景、舒适宜人的清新气候、独特的地热温泉、绿色环保的生态空间，结合周围的田园景观和民族文化，兴建一些休闲、娱乐设施，为游客提供休憩、度假、娱乐、餐饮、健身等服务。

（一）休闲度假村

以山水、森林、温泉为依托，以齐全、高档的设施和优质服务为游客提供休闲、度假旅游服务，如广东梅州雁南飞茶田度假村。

（二）休闲农庄

以优美的自然环境、独特的田园景观、丰富的农业产品、优惠的餐饮和住宿，为游客提供休闲、观光旅游服务，如湖北武汉谦森岛庄园。

（三）乡村酒店

以餐饮、住宿为主，配合周围的自然景观和人文景观，为游客提供休闲旅游服务，如四川郫县友爱镇农科村乡村酒店。

七、回归自然旅游模式

利用农村清新的空气、奇异的山水、秀美的森林等资源，发展赏景、登山、森林浴、滑雪、滑水等旅游活动，让游客亲近大自然、感悟大自然、回归大自然。主要类型有水上乐园、露宿营地等。

第三节 休闲农业的发展现状

休闲农业作为一种产业，兴起于 20 世纪二三十年代的意大利、奥地利等国家，随后迅速在欧美国家发展，日本、美国等发达国家的休闲农业已经进入发展的高级阶段。我国的休闲农业兴起于 20 世纪80 年代，作为一个新兴产业，经过近几年发展，虽然发展前景较好，发展速度较快，但仍然处于发展初级阶段，在产品、经营管理等方面仍然存在诸多问题，在一定程度上阻碍了产业竞争力的形成，与新农村建设的要求也不相适应。

一、国外休闲农业的发展

农业景观在城市园林中的应用由来已久，在欧洲，关于伊甸园的神话描述便记录下了人们对梦想与神秘极乐世界的向往，而这个极乐世界是与外界分离的，里面种植了奇花异果。在古埃及和中世纪欧洲的古典主义花园里，不仅种植着各式各样的花卉和蔬菜，而且还有枝头挂满果实的果树，以供贵族们观赏食用。在这一时期，园林中也相继出现了葡萄园、菊园、蔬菜园或不规则的园中园。16 世纪到 19 世纪，农业景观是漂亮的，这一思想逐渐盛行。最近 100 年，伴随着教育和休闲活动的普及，在国外，对农业生产景观的欣赏逐渐为各阶层所接受。如今天的英国的生态园，利用各类果蔬作为植物造景材料，大大丰富了园区景观，开展采摘等其他城市公园所不能开展的活动，取得了很好的效益。

19 世纪二三十年代，欧洲已开始出现农业旅游，然而这时休闲农业并未被正式提出，只是从属于旅游业的一个观光项目。到 20 世中后期，农业旅游不再是单纯对农田景观的欣赏，相继出现了具有观光职能的观光农园、农业观光游，逐渐成为人们休闲生活的趋势之一。20 世纪 80 年代以来，随着人们旅游度假需求的日益增大，休闲农业由单纯观光向度假休闲等功能扩展，1982 年，欧洲 15 个国家共同在芬兰举行了以农场观光为主题的会议，探讨并交流了各国休闲农业的发展问题。目前一些国家又出现了观光农园经营的高级形式，农场主将农园分片租给个人家庭或小团体，让他们管理和享用。如德国城市郊区设有市民农园，一般分成四五十个单元出租给城市居民，让市民从事家庭农艺种菜、养花、种树等，以达到参与生产、体验农事，满足回归自然、康体休闲的需求。

二、我国休闲农业的发展

我国是一个农业大国，农业资源丰富，地形复杂，四季气候分明，农作物多种多样。我国生物资源丰富，野生生物种类繁多，种子植物达 3 万多种，陆生脊椎动物 3000 多种，栽培农作物 600 余种，把这些资源充分利用，可形成区域特色农业，使之转化为旅游资源，并针对我国各地不同的景观和农业生产形式，设计出形式和内容多样化的农业观光园。

我国不仅有高山、丘陵、盆地、平原等类型齐全的地貌，十分有利于农林牧渔的全面发展，而且农业生产历史悠久，孕育了丰富的水乡、平原、草原、高原、高山文化内涵和民俗风情，为开发旅游农业产品提供了良好的条件。各地因地制宜发展休闲农业，为农业经济再上新台阶进行着不懈的探索和实践。

我国的休闲农业是在 20 世纪 80 年代兴起的，改革开放较早的深圳首先开办了荔枝节，其主要目的是招商引资。随后开办了采摘园，取得了较好的社会经济效益和生态效益。于是各地纷纷效仿，开办了各具特色的休闲农业项目，1998 年国家旅游局推出的旅游主题是华夏城乡游，其中"吃农家饭、住农家院、干农家活、看农家景"成了旅游的重要内容，之后，从 20 世纪 90 年代起，我国的休闲农业进入了高速发展的阶段，同时为旅游业的发展开辟了新的方向。

三、宁夏休闲农业的发展

宁夏作为全国范围内较小的省区，尽管在面积和人口上不占优势，但在发展休闲农业方面却具备诸多独特的优势，主要体现在历史文化、自然条件、产业结构、交通条件等方面。

（一）历史文化优势

宁夏拥有悠久的历史和深厚的文化底蕴，尤其是西夏历史和文化在国际上具有一定的影响力。西夏作为中国历史上的一个割据政权，其独特的文化遗产为宁夏的休闲农业项目提供了丰富的文化内涵和历史背景。旅游者不仅能够体验到农业生产的乐趣，还能感受到历史文化的熏陶，增加了旅游的文化深度和吸引力。

（二）自然条件优势

宁夏地处中国西北部，属于干旱少雨、风大沙多的半荒漠地区。然而，这一地区却拥有引黄灌区，得天独厚的水资源条件使得宁夏部分地区被称为"塞上江南"。这一美誉不仅仅是对宁夏自然景观的赞美，更是对其农业生产条件的认可。引黄灌区的存在，使得宁夏能够有效利用水资源进行农业生产，形成了独特的农业景观和生态环境，为发展休闲农业提供了优越的自然条件。

（三）产业结构优势

宁夏的农、林、牧、渔业结构完整，各产业之间相互支撑，形成了良好的产业链。丰富的乡土文化、农耕文化等为休闲农业的发展提供了多样化的项目选择。例如，游客可以参与传统的农耕活动，体验牧区的游牧生活，或者在渔业区享受垂钓的乐趣。此外，宁夏各市各具优势，存在差异化均衡发展的潜力，这为游客提供了丰富的旅游选择，满足了不同旅游者的需求。

（四）交通条件优势

宁夏虽然地处西北，但交通系统发达，各城市之间交通顺畅，基本上四五个小时内即可到达。这种便捷的交通条件大大提升了休闲农业项目的可达性和便利性，使得游客能够方便快捷地前往各个旅游目的地，体验不同的休闲农业项目。

综上所述，宁夏在发展休闲农业方面有着得天独厚的优势，不仅能够促进当地经济发展，带动农民增收，还能传承和弘扬丰富的历史文化，提升宁夏在全国乃至国际上的影响力。充分利用这些优势，宁夏有望打造出独具特色的休闲农业旅游品牌，吸引更多的国内外游客前来观光旅游。

近年来，宁夏充分利用农业优势开发具有地区特色的旅游资源，以优势产业为基础，以市场需求为导向，以经济效益为中心，突出重点，讲究特色，深度开发，合理布局，发展具有宁夏特色的观光农业，重点突出灌溉农业和特色农业以及治沙生态农业，结合生态环境治理，加强旅游景点建设，加快开发黄河旅游带，推出干旱区绿洲农业特点的宁夏休闲农业精品，取得了良好的经济效益和社会效益。

目前，宁夏已建成一批休闲农业企业，形成了"一圈两带"的休闲农业和乡村旅游格局。"一圈"指以银川市三区、两县和灵武市为中心，宁夏农旅产业园、现代科技生态园、小任果业现代农业科技园区、盈南生态旅游村庄、灵武长枣观光采摘园等农业观光休闲、采摘、垂钓的休闲农业观光旅游圈。"两带"指贺兰山东麓的红柳湾山庄、万一生态园、新牛庄园、兰一山庄等农家乐模式的休闲、度假、观光点形成的休闲农业旅游观光带，沿黄河金岸的中宁万亩枸杞观光园、长山头天湖生态农业旅游景区、青铜峡金沙湾、秦汉渠首的鼎辉农庄、利通区的神龙岛休闲度假村、银川鸣翠湖国家湿地公园、黄河古渡旅游景点形成的休闲农业观光旅游带。其他地区也结合各自的特点，积极拓展农业多种功能，大力发展休闲农业，休闲农业发展也形成了很好的态势。吴忠、中卫围绕黄河的独有特点，积极发展水上乐园和湿地保护观光生态园。石嘴山和南部山区也结合自己的区位特色，积极发展以特色民宿、特色种植养殖为中心的休闲观光农业。固原市红色文化、山寨村落等旅游也已具有一定规模。

四、宁夏休闲农业成功案例

宁夏稻渔空间生态休闲观光园

宁夏稻渔空间生态休闲观光园位于贺兰县常信乡四十里店村，面积 3600 亩，依托有机水稻立体生态种养和名特优新水产品养殖等特色优势产业，开展休闲农业示范创建，充分挖掘农业文化内涵，丰富农业产品、农事景观，使农业生产、农产品加工和销售、餐饮、垂钓、休闲及其他服务业有机整合，促进一、二、三产业融合发展。

五色水稻绘制稻田画。建设有观光平台、观光长廊等，购置了四人骑行观光自行车等。利用不同颜色的水稻插秧，在稻田中绘制出鲜艳美观的熊猫、五环等图案及文字，让游客站在观景平台观景，拍摄婚纱照、老年黄昏照、幼儿照等，所有的观光旅游者都留下深刻印象和回忆。游客可在此开展一日游活动，了解现代农业生产知识。也可开展拓展、培训、联谊等特色旅游活动。

传承和弘扬农耕文化。观光园融知识性、科学性、趣味性于一体，旨在传承和弘扬农耕文化。建设有机水稻展示区1800亩，展示现代种植生产技术育秧、整地、施用有机肥、灌水、机械摆栽插秧、植保、生物除草、收割等机械化作业全过程，以及稻田养鸭、养蟹、养鱼等。建设有机瓜果蔬菜采摘区50亩，种植各种蔬菜瓜果，如番茄、黄瓜、草莓、西瓜、甜瓜、吊瓜和葡萄等，可让游客参与瓜菜种植的农事活动，体验做"农家人"的乐趣。

建设垂钓娱乐餐饮区。园区垂钓专区放养鲤鱼、草鱼、鲫鱼等，目前有标准竞技垂钓池3亩，休闲垂钓池4处，摸鱼池5个，农家四合院20间，建设人行步道1公里，休息区5处，烧烤营地2处，假山1座，凉亭1个，开发黄河鱼文化和观赏鱼文化，打造专业化的休闲渔业基地，附带建有中式风格竹木结构小型餐厅和垂钓烧烤凉亭，让游客吃上特色的生态餐饮美食，看农家景，享受快乐田园生活。

辐射带动农民致富。园区以建设"银川一流、宁夏领先""塞上江南、鱼米之乡"的黄河金岸休闲农业产业带，以及在西北地区具有较高知名度的休闲农业及乡村旅游示范基地为目标，积极探索建立有效、长效的利益联结机制，确保周边农民持续获益。目前稻渔空间已成功举办了三届农耕文化插秧节、摄影大赛、丰收节等。每年入园游客达到20多万人次，可解决周边农民80余人就业，园区内188户农民通过土地入股得到保底分红和二次分红，亩均实现增收850元。

贺兰县金贵牡丹花乡

贺兰县金贵牡丹花乡由宁夏祁源生态科技发展有限公司投资建设，位于贺兰县金贵镇联星村，距离银川市区12公里，距离贺兰县城8公里，交通便捷。先后获得国家精品自然教育基地、全国林草科普示范基地、全国休闲农业与乡村旅游四星级园区、宁夏农村创业创新示范基地、银川市科普示范基地、银川市中小学研学教育实践基地等称号，年接待游客20万人次，带动农户就业650人，旅游收入年均2000万元。

金贵牡丹花乡依托金贵镇商贸休闲康养小城镇建设，整合资源，延长产业链条，丰富旅游产品，提高文化旅游品位，延长游客停留时间，打造了一批有特色、聚人气、可持续发展、共同富裕的重点项目，助力乡村振兴。

牡丹花乡按照"以花文化找'魂'，以镇空间定'型'"的总体思路，打造旅游观光带，目前累计投资4000万元，形成牡丹及特色花卉观赏、农产品加工、优新高端经果采摘、休闲农业及乡村旅游为支撑的产业融合发展格局，还建立了"龙头企业＋基地＋合作社"的产业化利益联结机制。2024年，新建了牡丹花乡路、鹦鹉小屋等打卡地。

利思·田园蜜语农业生态产业园

利思·田园蜜语农业生态产业园地处中国贺兰山东麓优质葡萄酒产区，位于银川市金凤区丰登镇润丰村，总占地1000亩，预算总投资1.5

亿元，是自治区"十三五"易地扶贫搬迁生态移民村润丰村的配套建设项目。产业园围绕乡村振兴、科技赋能、产业融合三条主线，采取党支部＋企业＋农户的利益联结模式，依托特色优质果蔬种植基础，推进农产品加工业产业发展，带动餐饮服务、特色民宿、休闲观光、乡村文化旅游等产业发展，促进一、二、三产业深度融合，是集农业观光旅游、果蔬采摘、葡萄酒品鉴、休闲娱乐、垂钓烧烤、餐饮住宿、户外露营、运动拓展、科普研学等功能于一体的"春赏花、夏戏水、秋尝果、冬养生"的休闲度假旅游胜地、休闲农业精品区、乡村旅游新亮点和现代农业产业园，有效拓展了移民群众增收渠道，积极助力乡村振兴。

是有效带动就业。在稳定润丰村移民群众土地流转费年收入不低于 60 万元的同时，有效带动润丰村村民就业增收，并辐射带动周边和丰村、永丰村等村民就业，采取以工代训的方式，通过接受农业种植管理、餐饮服务、农产品分拣加工等职业技能培训，提高致富技能，发挥示范推动作用，产业园年稳定带动就业 12000 人次以上。

二是带动创业增收。通过举办乡村惠民等特色旅游活动，吸引银川市民和周边居民等更多的人到润丰村观光游玩、观摩学习，带动村民开办特色餐饮、经营民宿、开办商超等，实现创业增收，实现传统农民向个体户老板转变。

三是助力乡村振兴。企业通过捐赠、合作开办特色民宿、民居环境整治等多种方式发展产业，壮大润丰村村集体经济，利用收益性资金和项目实施为润丰村分红。通过实施"金凤区设施农业精准扶贫田园建设"科技项目，争取科技特派员项目资金 50 万元，为润丰村分红 24 万元。通过使用壮大村集体经济资金，每年为润丰村、和丰村分别分红 5 万元。同时，通过使用收益性资金，还可为润丰村增加收益性分红收入。截至目前，已累计给润丰村分红 57.2 万元（不含每年不低于 60 万元的土地流转费和为润丰村投资建设的项目），壮大了村集体经济，推动乡村振兴建设。

宁夏志辉源石葡萄酒庄

宁夏志辉源石葡萄酒庄于 2008 年投入建设，用时 6 年全力打造完成。酒庄位于国家批准的"贺兰山东麓葡萄酒原产地域"的核心区域——银川市西夏区镇北堡镇昊苑小产区。园区总占地 18000 亩，其中葡萄种植园 2000 亩。

酒庄集葡萄种植、葡萄酒生产加工、销售、旅游为一体。自 2014 年投入运营以来，酒庄屡获殊荣，2014 年入选国家文化产业示范基地，2019 年被评为宁夏贺兰山东麓葡萄酒产区二级酒庄，2020 年被评为 4A 级旅游景区。

酒庄秉承精品限产的生产理念，以现代化的种植基地、先进的生产设备与科学的管理机制，构建了高品质的葡萄酒酿造工艺，奠定了酒庄发展基础。2019 年，酒庄被评为宁夏农业高新技术企业。

酒庄选址在贺兰山下废弃采砂场内，秉持生态环保的建设理念，建筑主体就地取材，采用近 20000 吨戈壁滩上的卵石建设酿造车间、地下酒窖及游客服务中心，建筑内部多以废弃材料为主，独具一格。近年来，酒庄持续对周边环境进行生态修复，改善周边环境，修复废弃采砂场 6000 亩，种植防风林带 8000 亩，并为周边村民提供 1200 多个就业岗位。

　　酒庄以环境综合治理为基础，改善银川西部生态环境；以生态农业观光产业为重点，带动周边农民致富；以建设有机葡萄园和酿制高端葡萄酒为中心，打造宁夏贺兰山东麓葡萄产业旗舰；以葡萄酒旅游为主流，打造宁夏首个葡萄酒文化旅游目的地，实现创收增效。

　　2020年6月9日，习近平总书记考察酒庄，对酒庄将生态修复与产业发展紧密融合，带动群众脱贫致富的做法给予高度肯定。视察后习近平总书记指出，随着人民生活水平不断提高，葡萄酒产业大有前景，宁夏要把发展葡萄酒产业同加强黄河滩区治理、加强生态恢复结合起来，提高技术水平，增加文化内涵，加强宣传推介，打造自己的知名品牌，提高附加值和综合效益。

龙泉山庄

　　龙泉山庄位于石嘴山市大武口区龙泉村，成立于2008年，经过10多年发展，将过去的荒山头、沙石坑变成如今的集农耕农事、文化娱乐、餐饮住宿、教育培训于一体的国家五星级休闲农业与乡村旅游园区。

　　龙泉山庄风景秀丽，占地面积1000余亩，其中水域面积100多亩，建筑面积300余亩，整体绿化率高达85%。山庄种植各类果树、热带植物3万余株，60多个品种。经营项目有餐饮、住宿、野战、儿童游乐场、垂钓、果品采摘、花海观光、棋牌、特色农家柴火鸡、KTV、农事体验、农业技术培训、拓展服务、非物质文化遗产工艺品制作、旅游产品研发等，休闲旅游内容丰富多彩。其中餐饮区一次性可接待1200余人，自助区900余人，可容纳住宿180人。一年四季客流不断，最高一天可接待上万人。

龙泉山庄周边有多处历史遗迹，东有龙王的九口泉眼，南有明代烽火台与九龙王庙，西有汉代古墓，北有郭栓子藏宝之地，适合游玩、猎奇探险。

龙泉山庄还通过合同联接带动农户数达 44 户，长期吸纳就业人数达 95 人，季节性用工 40 人。

余家丰生物菇业有限公司

宁夏余家丰生物菇业有限公司是自治区农业产业化重点龙头企业，依托黄河文化、古丝绸之路文化背景，充分融合发展乡土文化与现代农业＋互联网，形成了集农业生产、农产品加工、生态旅游等多种产业资源于一体的产业融合示范园区——吴忠市灵芝生态园。

公司结合基地生产实际，严格按照"规模化种植、标准化生产、商品化处理、品牌化销售、产业化经营"发展的总体要求，建立"龙头企业＋种植合作社＋种植大户＋农户"产加销一体化发展模式，带动专业合作社 8 家，种植大户 18 家，订单农户 1050 户，带动周边农户发展食用菌种植产业，分享产业链增值收益，使农民亩均收入达到 1500 元，实现企业、农户共同受益。

公司注重农业文化和民俗文化内涵的挖掘，以黄河文化与当地乡土文化作为休闲农业与乡村旅游脉络支撑，在区域现有基础上运用种植区规划、现代工厂化农业生产区与园林结合设计的理念，因地制宜设置现代工厂化农业休闲观光、养生休闲、立体种植、现代农业科技示范、农业科普教育、传统文化活动等项目，是富有地方特色、环境优美、集吃住行游购娱于一体的综合性休闲生态旅游胜地。

吴忠市灵芝生态园

灵芝生态园位于利通区古城镇新华桥村，由宁夏余家丰生物菇业有限公司投资建设，总投资 8500 万元，是全国五星级休闲农业与乡村旅游精品企业。

灵芝生态园一直积极发展休闲服务业，建设了休闲农业旅游观光采摘区、工业休闲旅游观光体验科普区、餐饮业服务区、休闲旅游服务功能区。其中，餐饮业服务区建设面积 12000 平方米，可同时容纳 1000～1500 人同时就餐。现有灵芝、食用菌种植区大跨度钢结构龙骨日光温棚 8 栋，主要用于灵芝及食用菌的种植；灵芝及食用菌深加工区建设完成标准化生产加工车间 4500 平方米，主要用于对灵芝及食用菌产品进行切片包装，对灵芝孢子粉破壁，对灵芝、长枣醋等一系列产品深加工。

灵芝生态园积极带动小农户增收，建立了"公司＋合作社＋农户"联结机制，辐射带动了长枣、蔬果种植户 520 户，灵芝种植户 8 户，家禽养殖户 10 户，民宿 6 户。通过召开四季长枣节及农民丰收节，提高了品牌效益，使农户得到了较高的经济收入。

余丁乡黄羊古村落民俗旅游项目

黄羊古村落位于中宁县余丁乡中部，全村辖 7 个村民小组，有 887 户 2456 人。村域地形边界分明，北部为贺兰山余脉，南部为黄河冲积平原，独特的地理位置造就了富饶的物产。包兰铁路、太中银铁路、S308 线穿境而过，交通区位优势明显。近年来，黄羊古村落积极挖掘文旅资源禀赋，不断强化重点项目支撑，"塞上文化传统村落"逐渐显现。

一是守得"满园春"，建"有气质"的文化新村。黄羊古村落历史悠久，底蕴深厚，自古就是驻军屯兵的战略要地和古丝绸之路商贸往来的重要走廊。村内有上古岩画、明长城、直隶墩等重点文物保护单位，有国家级非物质文化遗产保护项目传统舞蹈黄羊钱鞭，这些都是对黄河流域文明的忠实记录和塞上儿女纵马长歌的精神传承。近年来，黄羊村坚持"合理利用、传承发展"的基本目标，积极保护岩画、明长城等历史遗存，并大力传习弘扬黄羊钱鞭文化，建有传承人工作室和 1200 平方米的传习场地，成立了 200 余人的专业传承表演队伍，累计普及人数达上万人次。这种庆祝丰收、祈求平安的传统舞蹈"仪式"，在黄羊村的努力下，真正做到"中宁沿黄十万户，无人不知钱鞭舞"。

二是坚持"一盘棋"，建"有颜值"的宜居新村。黄羊古村落坚持看得见山水，留得住记忆，在保留乡村肌理的原则下，以宜居宜游为主线，吸引有关企业投资 7000 余万元，对古村落进行休闲旅游功能性开发。黄羊村有游客接待中心 1 处，民宿 3 栋，研学写生基地 8000 多平方米，配套建设停车场 1 处 300 个停车位，并布局有古村落观光、山地探险等多个功能区，满足了广大游客多层次、多品位的旅游需求，使黄羊古村落成为宁夏多条观光线路上的重要枢纽。同时，黄羊古村落坚持一体推进、全面布局，加快推进人居环境整治，改建危旧房 47 户，新建卫生厕所 25 处。积极争取一事一议项目，实施道路硬化工程，改善村民生产生活条件，水泥道路进队进户，闲置空地全面绿化整治，栽植波斯菊 13.2 亩，种植树木 3000 多棵。建设组网垃圾点 2 余处，每天由专业队伍负责垃圾清运、树木修剪，对公共设施进行维护和服务，使村庄环境保持优美整洁。

三是树起"一面旗"，建"有气场"的文明新村。黄羊古村落突出党组织作用发挥，建成 1496 平方米的党群服务中心 1 处、1500 平方米以上的广场 2 处，并设置移动舞台 1 处，为党员群众提供了议事、学习、休闲的平台。在村级事务管理上，黄羊古村落制度健全、管理规范，切实做到"四议两公开"，充分尊重村民的民主权利，有效保障了群众的知情权、参与权、监督权，群众的获得感和满足感进一步提升。同时，还切实提升治理能力，深化网格化管理机制，在全村划分 4 个片区、12 个网格，明确网格员 16 名，组织开展政策宣讲、安全巡逻、矛盾纠纷调解等活动。同时，积极开展新时代文明实践活动，组织党员群众参与扶残助困、卫生清洁等志愿活动，在全村切实形成了村风文明、家风良好、民风淳朴的整体氛围。

四是打造"新名片"，建"有前景"的品牌新村。黄羊古村落深入推进农村产权体制改革，成立了集体经济合作社，构建利益联结机制，与周边的余丁村、永兴村协同发展，采取"稻鸭－鱼蟹"立体种养模式，种植彩色水稻 700 亩，富硒菊花 300 亩，养殖鱼 800 尾，鸭鹅等 1000 余只，并布置丰收风车、廊道等特色景观。通过区域特色农业形成综合优势，蟹田米、富硒菊等特色品牌搭上黄羊古村落景区的快车，成为群众稳定增收的摇钱树。10 多名青年积极返乡创业，开创农家乐 2 家，60 余名群众通过进田种植、进厂生产、进景区服务等方式实现了家门口就业，全村人均可支配收入增长了 15% 之多，群众切切实实感受到了美丽休闲乡村建设带来的收获喜悦。

中宁县丰安屯旅游度假区

中宁县丰安屯旅游度假区位于中国"枸杞之乡"宁夏中宁县石空镇太平村，距中宁县城 6.5 公里。度假区占地面积 1988 亩，设有枣林综合服务门户区、黄河农耕文化研学区、丝路文史穿越区、西北风情文创区四大功能区域，是集生态涵养、休闲娱乐、民俗观光于一体的农文康旅融合发展度假区。建成丰安屯旅游度假区 20 多个景点及游客接待餐饮住宿等项目，绿化生态项目和配套基础设施项目正在积极推进。

黄河—农耕文化的传播者。度假区以"体验西部风情、感受多彩文化，相约神奇丰安、共赏塞上美景，畅游百年枣林、品味浪漫人生"为主题，开展黄河农耕文化研学项目，将非物质文化遗产与农副产品相融合，展示黄河文化、边塞文化、丝路文化、农耕文化、红色文化、枸杞文化等，助力文化遗产传承发展。

休闲娱乐的服务者。度假区功能完善，要素齐备，景点众多而且各具特色，民俗风情赏心悦目，能满足游客吃住行游购娱各种需求，置身其中，可启思益智。

乡村振兴的致富者。丰安屯积极践行国企使命担当，按照乡村振兴战略部署，通过村企合作、就业帮扶、盘活整村资源，发展乡村旅游，带动群众增收致富，助力乡村振兴，实现强企富村、村企共赢。

第四节　建设宜居宜业和美乡村

习近平总书记在党的二十大报告中强调："坚持农业农村优先发展，坚持城乡融合发展，畅通城乡要素流动。加快建设农业强国，扎实推动乡村产业、人才、文化、生态、组织振兴。"党的二十大报告首次提出建设"宜居宜业和美乡村"，是对中国式农业农村现代化愿景的最新概括，是在百年探索基础上对中国乡村现代化的认识升华。宜居宜业和美乡村为加快推进中国式农业农村现代化指明了前进方向，体现了我们党对农业农村发展规律的深刻把握，反映了农民对建设美好家园、过上幸福生活的期盼。

建设宜居宜业和美乡村的目标是多层次的、重点任务是全方位的。要立足中国国情，全面推进乡村振兴，加快实现农业农村现代化，推动我国乡村完成从传统走向现代的转型，实现我国乡村现代化从内到外、由表及里、塑形铸魂的飞跃。从"美丽"到"和美"，我国乡村建设开启新阶段。在乡村振兴方面，之前的提法是"宜居宜业美丽乡村"，党的二十大新提法是"宜居宜业和美乡村"，将"美丽"变成了"和美"，虽然仅是一字之差，但反映了对乡村建设的新认知，对乡村建设的理念和目标作出了新的调整。

宜居宜业和美乡村在本质上是对宜居宜业美丽乡村的发展与深化，展现了党在乡村现代化建设方面的理论创新和实践走向，标志着我国乡村建设新阶段的开始。

从内涵来讲，这个"新"至少体现在两个方面。

一是乡村建设的发展目标指向更为明确。瞄准 2035 年农村要基本具备现代生活条件这一目标，宜居宜业和美乡村更重视基础设施和基本公共服务的空间布局，强调乡村基础设施和基本公共服务供给能力，不断完善乡村水、电、路、气、网等基础设施，推动教育、医疗、养老等基本公共服务供给更加公平可及。宜居宜业和美乡村也强调乡村的就业环境改善，积极推动城乡融合发展，激发县域经济活力，重视一、二、三产业融合，拓展农业的多种功能，创造更多农民就近就地就业的岗位和机会，积极促进农民就地就近就业。

二是乡村建设的中国文化价值导向更为凸显。宜居宜业和美乡村更为突出乡村文化内核及精神风貌的提升，强调乡村建设由表及里、由形到神的内在有机统一，体现传统农耕文明与现代文明形态的结合，推动乡村精神文明建设与物质文明建设相协调，实现乡村建设从丰富物质到富足精神的重要转变。

建设宜居宜业和美乡村需要实现三重目标。

一是让农民过上现代化生活。现代化最终是为了人，建设宜居宜业和美乡村，推进农业农村现代化就是为了让农民能够更好地进行自我发展、过上现代化生活。这就意味着一方面要促进农民收入水平的普遍提升，满足农民日益增长的物质生活需要；另一方面还要丰富农民的精神世界，即要同时实现农民物质生活和精神生活的富裕富足。

二是让农业走向现代化生产。推动传统农业生产走向现代化生产是农业现代化建设的必然趋势，更是农业强国的重要任务。推动更多现代化生产要素进入农业生产领域，提升农业生产技术水平和优化生产组织形式，促进传统农业向现代化农业转型是建设宜居宜业和美乡村的应有之义。这就要在农业科技创新领域下功夫，在农业经营方式上做文章，在农村产业融合上找出路。

　　三是让农村具有现代化治理能力。建设宜居宜业和美乡村，推进农业农村现代化，需要现代化治理体系和治理能力的支撑。

　　建设宜居宜业和美乡村是国家在推进农业农村现代化进程中的重大实践，涉及农村生产、生活、生态等多个领域，涵盖物质文明与精神文明两个方面，既包括乡村建设过程中"物"的现代化，也包括乡村建设过程中"人"的现代化，还包括乡村建设过程中治理体系和治理能力的现代化。

第三章 休闲农业的规划与设计

第一节 休闲农业资源的分类与开发原则

一、休闲农业资源的概念

休闲农业资源指可以应用于休闲活动的各类农业资源，休闲农业资源不局限于传统的农业生产，农村环境、农民的生活方式、农耕文化、农业设施都可以构成休闲农业资源。

二、休闲农业资源的分类

休闲农业资源包括生态环境自然生态原貌、农业景观、农业生态环境、农耕活动、农副产品加工、生活环境、乡村聚落、乡土民俗。

三、休闲农业资源的开发原则

（一）因地制宜原则

休闲农业资源的开发依赖农业，而农业的发展高度依赖自然地理环境条件。因此，休闲农业的开发首先要遵循因地制宜的原则。根据当地的自然资源和环境特点，科学合理地规划和发展休闲农业，以实现资源的最优配置和可持续发展。

（二）突出特色原则

一是突出农耕文化特色；二是突出各自的特色；三是突出细微处的特色。例如安吉建设最美乡村规划方案遵循的原则：尊重自然美，以生态为背景，彰显山水灵秀特色；侧重现代美，把生产发展放在首位，把生活富裕作为前提，把开放理念全面融入；注重个性美，一村一品，一村一业，一村一韵，一村一景；构建整体美，城乡联动，产业互动，示范带动，覆盖全县。把一个县当作一个景区来规划，把一个村当作一个景点来设计，把一户农家当作一个小品来改造，用10年时间把安吉建成中国美丽乡村。

（三）市场需求原则

休闲农业资源的开发必须密切关注休闲农业市场需求的变化趋势，还要考虑市场的地域差异。

（四）优化结构原则

住、食、游、购、娱休闲产品开发兼顾，大力开发参与性休闲产品。

（五）科学选址原则

实践证明，大多城市郊区型休闲农业基地集中分布在距离一级客源地城市100公里范围内。休闲农业基地在城市周边分布主要有两个密集带，最密集地带出现在距一级客源地城市30公里左右的地区，次密集带出现在距一级客源地城市80公里左右的地区。因此休闲农业区规划建设选址应选择在距城市、景区较近且公路交通非常方便之处。即距离一级客源地城市100公里范围内或大型旅游景区周边。主要考虑三个条件，即农业资源条件、区位和交通条件、客源条件。

（六）注重生态原则

一是控制旅游污染；二是搞好绿化工程建设；三是搞好引鸟、招

35

蜂、引蝶工程；四是休闲设施设备与自然生态环境协调。

第二节　休闲农业的开发模式

一、传统田园农业旅游模式

传统田园农业旅游模式以农村田园景观、农业生产活动和特色农产品为旅游吸引物，开发农业游、林果游、花卉游、渔业游、牧业游等不同特色的主题旅游活动。这种模式不仅丰富了旅游产品，还提升了农业附加值，促进了农业和旅游业的融合发展。

（一）田园观光游

以大田农业为重点，开发欣赏田园风光、观看农业生产活动、品尝和购置绿色食品、学习农业技术知识等旅游活动。

（二）特色农园游

开辟特色果园、菜园、茶园、花圃等，让游客摘果、拔菜、采茶、赏花，享受田园乐趣。

（三）畜牧养殖观光游

开发观光型的畜牧养殖场、牧场、森林动物园等，给游人提供休闲观光、娱乐及参与养殖的乐趣。

（四）渔场垂钓休闲游

利用海面、水库、池塘、河流等水体，开发休闲观光、垂钓、驾船和水上休闲娱乐活动，游人除享受休闲观光外，还可以学习渔业养殖及捕捞技术等。

（五）务农体验游

游客可参加农业生产活动，与农民同吃、同住、同劳动，接触实际的农业生产,了解农耕文化。

(六)农家乐游

农民利用自家庭院、自己生产的农产品及周围的田园风光、自然景点,以低廉的价格吸引游客前来参与吃、住、玩、游、娱、购。

(七)综合生态游

建立农林牧渔等土地综合利用模式,强化生产过程中的生态性、趣味性、艺术性,以此吸引游客进行观光与休闲。

例如广东顺德生态乐园以"生态保护、生态教育、生态娱乐和生态休闲"为主要内容,生态乐园设生态保护区、生态教育区、生态娱乐区、生态休闲区和基塘农业区5个景区。

基塘农业区是备受联合国粮食及农业组织高度赞赏的基塘农业模式,是闻名中外的生态农业的典范,它通过复原再现基塘农业的生产模式及生产情景,展示生态平衡的景象。其中尤以桑基鱼塘为特色:种桑养蚕—蚕沙与蚕蛹喂鱼—鱼粪积聚塘底—塘泥—种桑肥料,如此往复,使塘鱼、桑蚕双丰收。游客在玩乐与休闲观赏中接受生态知识的教育。

二、现代农业科技博览园模式

依托现代农业教育基地、农业博览园、农业主题公园、高科技农业园等设计的休闲农业项目。

(一)农业教育基地

这是兼顾农业生产与科普教育功能的农业经营形式,农园中种植的作物、饲养的动物、配套的农具设备及所采用的生产工艺和耕作技术等都具有较强的教育意义。较具代表性的有法国的教育农场、日本的学童农园和我国台湾地区的自然生态教室等。

（二）农业博览园

展示当地农业技术、农业生产过程、农业产品、农业文化等，供游客参观。

（三）农业主题公园

即按照公园的经营思路，把农业生产场所、农产品消费场所和休闲旅游场所结合为一体，供游客观光、垂钓、烧烤、食宿、体验农民生活等，了解乡土风情的主题公园。

（四）高科技农业园

依托高新农业科技建立的农业基地，不仅为游客提供接受农科教育和增长见识的机会，还展示现代农业的创新成果，进一步增强了游客的体验感和参与感。

三、乡土民俗模式

以农村风土人情、民俗文化为旅游吸引物，充分突出农耕文化、乡土文化和民俗文化特色，开发农耕展示、民间技艺、节庆活动、民间歌舞等旅游活动，增加休闲农业的文化内涵。

（一）农耕文化游

利用农耕技艺、农耕用具、农耕节气、农产品加工活动等，开展农业文化旅游。

（二）乡土文化游

利用住宿、服饰、饮食、礼仪、节令、游艺等，开展民俗文化游。

（三）民族文化游

利用民族风俗、民族习惯、民族村落、民族歌舞、民族节日等，开展民族文化游。

四、村落乡镇模式

以古村镇宅园建筑和新农村建设格局为旅游吸引物开发的旅游项目。

（一）古民居和古宅院游

古民居和古宅院游通常利用明、清两代村镇建筑来发展观光旅游。这些历史建筑具有独特的文化和历史价值，能够吸引大量游客前来参观，同时也为当地提供了保护和利用文化遗产的机会。

（二）民族村寨游

利用民族特色的村寨发展观光旅游。

（三）新村风貌游

利用现代农村的建筑、居民庭院、街道格局、村庄绿化、工农企业等来发展观光旅游。

五、休闲度假模式

依托自然优美的乡野风景、舒适宜人的清新气候、独特的地热温泉、绿色环保的生态空间，结合周围的田园景观和民俗文化，兴建一些休闲、娱乐设施，为游客提供休息、度假、娱乐、餐饮、健身等服务。

（一）休闲度假村

以山水、森林、温泉为依托，以齐全、高档的设施和优质的服务，为游客提供休闲、度假旅游。

（二）休闲农庄

休闲农庄位于风景秀丽的自然环境中，凭借其独特的田园景观、丰富的农产品以及优惠的餐饮和住宿，成为游客休闲观光旅游的理想选择。

（三）乡村酒店

以餐饮、住宿为主，配合周围自然景观和人文景观，为游客提供休闲旅游。

（四）租赁农园

农民将土地出租给市民种植粮食、花卉、瓜果、蔬菜等，让市民体验农业生产过程，享受耕作乐趣，以休闲体验为主，不以生产经营为目标。租用者只是节假日到农园作业，平时由土地出租者提供代耕代管服务。

（五）乡村俱乐部

选择适宜的乡村建设形式多样的俱乐部，如在以前知青生活过的农村建设知青俱乐部，开展知青回乡游；利用水库、鱼塘、河段建设垂钓俱乐部，开展各种休闲活动。

第三节　休闲农业园区的规划设计

一、项目建议书

项目建议书又称立项申请，是项目建设单位、筹建单位或项目法人提出的园区建设项目的建议文件，是对拟建园区提出的框架性的总体设想。园区项目建议书是项目发展周期的初始阶段，是相关政府部门选择项目的依据，也是可行性研究的依据。

休闲农业园区项目建议书的主要内容包括：总类；项目提出的必要性和条件；项目建设方案；拟建规模和建设地点的初步设想；投资估算、资金筹措及还贷方案设想；项目的进度安排；经济效益和社会效益的初步估计，包括初步的财务评价和经济评价；生态环境影响的分析，包括治理"三废"措施、结论；附件。

二、可行性研究报告

休闲农业园区可行性研究报告是园区建设投资之前，对经济、技术、生产、供销、社会环境、法律等各种因素，进行具体调查、研究、分析，确定有利和不利因素、项目是否可行、成功率大小、经济效益和社会效果评价，是上报决策者和主管机关审批的文件。

休闲农业园区可行性研究报告的主要内容包括：项目总类，项目背景，市场预测与分析，项目地点的选址，项目规划建设宗旨与目标，项目总体方案设计，项目总投资估算与资金筹措，项目的组织与管理，项目效益评价，可行性研究结论与建议，附件。大型园区规划建设需要单独做环境影响评价。

三、总体规划

休闲农业园区总体规划内容主要有以下几个方面。

1. 分析休闲农业园区的基本特征，提出园区内资源评价报告。

2. 确定休闲农业园区规划依据、指导思想、规划原则、园区的性质与发展目标，划定园区范围。

3. 确定休闲农业园区的功能分区、结构、布局等基本框架、提出园区环境保护规划。

4. 制定休闲农业园区的旅游产品和市场营销规划。

5. 制定休闲农业园区的游憩景点与游览线路规划。

6. 制定休闲农业园区的旅游服务设施的基础设施规划。

7. 制定休闲农业园区的土地利用协调规划。

8. 提出休闲农业园区的规划实施措施和分期建设规划。

四、规划设计

休闲农业园区详细规划设计是在总体规划的基础上，对园区的重点发展地段的土地使用性质、开发利用强度、环境景观要求、保护和控制要求、旅游服务设施和基础设施建设等作出控制性规定。规划设计分为控制性详细规划和修建性详细规划。

（一）控制性详细规划设计内容

1. 确定园区规划用地的范围、性质、界线及周围关系。

2. 分析园区规划用地的现状特点，确定规划原则和布局。

3. 确定园区规划用地的分区、分区用地性质和用途、分区用地的范围，明确其发展要求。

4. 规定各分区景观要素与环境要求、建筑风格、建筑高度与容积率、建筑功能、主要植物树种搭配比例等控制指标。

5. 确定园区内的道路交通与设施布局、道路红线和断面、出入口位置，停车场规模。

6. 确定园区内各项工程管线的走向、管径及其设施用地的控制指标。

7. 制定园区相应的土地使用与建设管理规定。

（二）修建性详细规划设计内容

1. 建设条件分析及综合技术经济论证。

2. 做出建筑、道路和种植区等的空间布局和景观规划设计，布置总平面图。

3. 道路交通规划设计。

4. 种植区系统规划设计。

5. 工程管线规划设计。

6. 竖向规划设计。

7. 估算工程量、总造价，分析投资效益。

（三）休闲农业园区规划分区

根据休闲农业园区综合发展需要，因地制宜地设置不同功能区。各地休闲农业区规划大体上分为入口区、服务接待区、科普展示区、特色品种展示区、精品展示区、种植体验区、引种区、休闲度假区、生产区、设施栽培区 10 个区。简单的休闲农业园区包括入口区、服务接待区、种植采摘区、生产区等 4 区。

1. 入口区。方便游客进入园区，游客在此换乘园内的游览车入园。大型休闲农业园区一般规划建设两至三个入口。主入口区包括入口牌坊、入口停车场、服务建筑、导游牌、假山水池等。

2. 服务接待区。用于相对集中建设的住宿、餐饮、购物、娱乐、医疗等接待服务项目及其配套设施。入园后首先到达服务接待区，作为园区的过渡空间。游人将在此做短暂停留，做好入园的准备，此区可规划建设办公楼、游客服务中心、农业文化展示室、停车场等。

3. 科普展示区。是为儿童及青少年设计的活动区，具备科普教育、电化宣教、住宿等功能。休闲农业科普展示区可广泛收集、整理、保存、介绍园区内农作物的品种、栽培历史等，结合青少年的活动特点，以科学知识教育与趣味活动相结合，进行知识充电和娱乐健身。

4. 特色品种展示区。本区有各种不同的具有相当特色的农产品种植展示区，为观赏性较强的品种展示空间。本区以各种不同的果品栽培架式、不同的材料加以形式上的改造，形成形式多样、观赏性较强的园林景观。

5. 精品展示区。为精品农业种植区，可满足高端层次观光采摘者的要求。精品展示区展示精品农业的同时，还可结合传统的园林艺术设计手法和盆景艺术制作技法，利用廊架、篱架、棚架等不同架式的排列组合来分隔组织景观空间。

6. 种植体验区。此区面积最大，是休闲农业的基本用地。在景观营造上应保留农田景观格局，在不破坏农业景观的基础上规划建设适当的园林小品和游憩采摘道路。种植体验区栽培各种蔬菜及瓜果类植物，增加采摘的多样性和趣味性。此外还可开辟出小范围地作为认养区，让人们通过认养果树的方式增强环保意识，认养后游人可选择性地参与农业生产的施肥、果树剪枝、疏花、疏果、套袋、采摘等各项技术劳作。

7. 引种区。引进和驯化国内外优良的品种，建立优良的农产品品种引进、选育和繁育体系。引进国内外不同成熟期(极早熟、早熟、晚熟、极晚熟)和不同颜色(红色、绿色、紫色、褐色等)的优质农产品。对抗性强的品种进行适应性、抗性等方面的观测，选育适合当地生长的优良品种进行繁育。

8. 休闲度假区。主要用于观光休闲者较长时间观光采摘、休闲度假之用。休闲农业园在合理的园区土地使用控制上可适当建设度假木屋、度假小别墅等住宿设施，延长游客在园区内停留的时间，增强休闲农业园区的休闲度假功能。

9. 生产区。从事传统农业生产的区域，在园区其他功能区农产品供给量不能满足游客时开放。生产区在景观建设、管理方面比其他分区要粗放。

10. 设施栽培区。北方地区的休闲采摘区多设有设施栽培区，目的是通过果品的反季节栽培，让游客在果品的非正常成熟季节采摘到新鲜的果品。

第四节 休闲农业文化

文化的内涵非常广泛，涉及一个地区或民族的历史、地理、风土人情、传统习俗、生活方式、文学艺术、行为规范、思维方式、价值观念等，既包括历史上所积累的文化，也包括现代的文化。广义的文化是人类作用于自然界和社会的成果的总和，包括一切物质财富和精神财富。

一、休闲农业文化的基本特征

休闲农业文化是指农业生产实践活动所创造出来的与休闲农业有关的物质文化和精神文化的总和。其内容可分为休闲农业科技、休闲农业思想、休闲农业制度，休闲农业农时节日习俗、生活方式、行为规范、饮食文化等。休闲农业文化虽然浩瀚丰富，但都有其基本特征。

第一，地域性。我国农业地域广阔，在休闲农业发展过程中，由于各地区自然环境、生产水平和传统习惯的不同，形成了地域特色鲜明的休闲农业文化。

第二，多样性。在休闲农业发展的过程中，各地生产水平、自然条件和传统习惯不同，地域、民族、农业生产方式具有差异性和多样性，由此产生的独特景观、价值观念、行为体系等有形和无形的农业文化异彩纷呈。

第三，相对稳定性与发展性并存。休闲农业文化是由农业生产和生活衍生出来的，其特征也必定与农业生产和生活方式有密切关系。由于农业生产是不断发展的，农业生活方式也在不断发生变化，因而休闲农业文化的具体内涵和具体表现形式在不同时期也是有所发展变化的，休闲农业文化的相对稳定性和发展性是并存的。

第四，艺术性。休闲农业文化形象地反映了农业生产和生活，展现了农人的思想感情世界，内容丰富，形式生动，很多休闲农业文化表现技巧极为高超，因而休闲农业文化具有艺术性。

二、乡村农业文化

乡村文化是指某一地域或范围内人们从事农业生产生活所创造的物质和精神财富总和。乡村文化是在乡村长期发展过程中积累和沉淀下来的，体现在丰富多彩的乡村民宿、乡村艺术上，也体现在民居建筑、农耕劳作、乡村饮食等方面。乡村文化可以分为乡村物质性文化、乡村制度性文化和乡村精神性文化，三类乡村文化既相互独立，又彼此渗透，构成一个有机整体。

其一，乡村物质性文化是乡村居民集体或个人在长期的生产生活中所创造的物质产品、创造方式及其表现出来的文化。乡村物质性文化立足于物，既包括具体的器物，也包括这些器物的生产工艺和生产技术。乡村物质性文化具有直接的视觉体验特点，通常是创意农业发展的重要基础，是人们享受和体验乡村魅力、感受乡村生活、欣赏农业景观的重要载体。

其二，乡村制度性文化是乡村在长期历史发展过程中，为维护乡村的社会稳定和社会秩序而约定俗成的伦理道德及礼仪规范，对个人参与社会活动具有规范性作用的文化。乡村制度性文化具有可观、可参与的特点，它蕴含着丰富的传统文化内涵，其中很多类型都可以独立开发成具有浓郁地方特色的文化体验活动，使创意农业充满文化乐趣。

其三，乡村精神性文化是乡村作为一个稳定共同体所具有的共同心理结构与情感反应模式，属于抽象的文化层，也是乡村文化的精髓。乡村精神性文化通常表现为乡村居民所共有的心理、秉性、观念、信仰等，它通常存在于物质文化里，是隐性的，只有通过长期体验才能领悟。乡村精神性文化不仅是创意农业开发的重要资源，也是吸引广大消费者到乡村体验创意农业的主要驱动因素。

乡村文化是中华文化的重要组成部分，它产生并服务于农耕社会，是中华民族得以繁衍发展的精神寄托和智慧结晶。首先，乡村文化有着深厚的群众基础，容易产生共鸣，使人们形成认同感、归属感和荣誉感。其次，乡村文化作为独立的存在，是保持文化多样性的内在动力。再次，最重要的一点，千姿百态的乡村文化为发展以旅游为主导的第三产业起到了良好的支撑作用，将乡村文化当中的物质载体、生活风俗开发为商品和旅游产品，有助于区域形象和品牌的塑造，可带动当地经济的发展。

在中国文化产生和发展的过程中，农业文化是基础，因为它是以满足人们最基本的生存需要（衣、食、住、行）为目的的，它决定着中华民族的生存方式。中国是世界农业的发源地之一，中国的生产技术、生产工具及水利工程曾在世界上都是遥遥领先的。勤劳的中国人民在长期的生产实践中，形成了精耕细作的农业生产体系，并逐步向现代生态农业方向前进。地域不同，导致农业生产的地区差异，包括植物种植和动物养殖在内的农业民俗，大致体现在技术过程、习俗与相应的人文、仪式、民俗等方面。农业文化类型还可分为耕作文化、饮食文化、民俗文化、民间文化、古建筑文化、农产品文化、生活器具文化、文化遗址文化、农村自然环境文化等。以上农业文化都可作为休闲农业旅游的资源和主题要素加以充分利用和发扬光大。

休闲农业乡村文化旅游以乡村的生产、生活、生态资源为基础，通过创意理念、文化、合理的开发和技术的提升，创造出具有旅游吸引力、带来农业和旅游业双重收益的一种崭新业态。乡村文化旅游包括生产文化旅游、生活文化旅游和娱乐文化旅游3个方面的主要内容。乡村文化旅游属于文化含量高、体验性强的产品，产品的核心是文化体验＋乡村休闲绿色度假。游客在进行某种休闲农业旅游活动时，不管具体的旅游产品或服务是什么，都是在进行一种精神消费，而这种精神消费在很大程度上都与农业文化有关。在乡村旅游开发中，很多要素都可以转化为乡村旅游产品，其中，田园景观、农耕文化、建筑文化、饮食文化、手工艺文化、家庭文化、艺术文化具有浓郁的乡土气息，从而构成乡村旅游独具特色的核心吸引力，成为开发重点。乡村文化与旅游产业可以通过创意、休闲体验、展示和技术等途径实现融合并形成乡村文化旅游产业。

随着我国经济的发展和物质文化水平的不断提高，农业文化在旅游业中发挥越来越大的作用。这是由不可逆转的两大趋势所决定的。一大趋势是随着农村城市化的进程，人们可享受的田园风光和清新环境越来越少，而城市居民的增多更加剧了这种矛盾。另一大趋势就是随着工业化程度的提高，生态环境的破坏及民风伦理的变化，越来越多的城市居民加入农业文化旅游的行列。农村地区秀丽多姿的山川、江河、湖泊和当地的土特产等，很多都有着脍炙人口的民间传说故事。在漫长的历史进程中，农村保持了许多被城市居民所遗忘的民俗文化，在发展的同时吸收了多民族文化，形成了丰富多彩的文化模式。农耕文化作为一种历史产物，其形成经过了长期的沉淀，具有应时、取宜、守时与和谐等丰富内涵，这些都体现了劳动人民朴素的智慧及很高的境界。如湖南农耕文化的起源非常早，是中国农耕文化的起源地之一。湖南地区的农耕文化资源相比于国内的很多农业地区，种类更加丰富，具有多样性，有着不可替代的特色。农业文化旅游作为一种健康的生活消费方式，应充分发挥农业资源的潜力，为旅游业的长远发展奠定基础。

三、休闲农业文化要素挖掘

农业与文化自古以来息息相关，相辅相成。农业文化遗产是人类在历史上创造并传承、保存至今的各种农业生产经验和农村生活经验。作为一个古老的产业，中国几千年的农业发展积淀了深厚的文化，其发展过程中所创造的物质财富和精神财富（非物质农业文化遗产），凝聚了我国各民族的智慧和精华，是不可替代、不可再生的宝贵财富，是中华民族共有的财富。

休闲农业的本质属性是乡村文化。乡村文化包括物质文化和非物质文化两部分。经典的农耕生产活动，朴实的生活习俗，丰富的乡村口头艺术，村落民居的选址、布局艺术等，这些农业文化资源是游客了解学习和感悟丰富的农业文化，理解体验农业文明的重要媒介，也是吸引广大游客到乡村进行旅游休闲的重要动力。可以说休闲农业的重点就是农村文化的展示，归根结底就是农业文化的展示，也即是人类在历史上创造并传承、保存至今的农耕生产经验的展示。这些农业文化是乡村旅游文化的精髓，是休闲农业未来的发展趋势和增长点。乡村旅游文化，其实就是乡村文化的旅游话题。乡村文化可以分为三个层次，即乡村生产文化、乡村生活文化和乡村娱乐文化，它们都融合于大的农业文化之中。其中，乡村生产文化包括乡村田园景观、农耕文化和乡村手工艺文化，乡村生活文化是指乡村建筑文化、乡村饮食文化等，而乡村娱乐文化有乡村农耕文化、乡村节日文化、乡村家庭生活文化、乡村艺术文化等，它们相互交织，相互影响，共同构成了丰富多彩的乡村文化体系。

我国的休闲农业开发起步较晚，但发展较快。休闲农业游是以体验、求知、休闲、观光、康体等为主要内容，以乡村特有的聚落景观、乡村经济景观、乡村文化景观及自然环境景观为基础的一种生态旅游形式，其旅游资源、旅游设施、旅游服务，具有比较浓厚的地方特色、乡村特色、民族特色。休闲农业游作为旅游市场中的一项新产品，在具有活动区域及活动对象的乡村性、景观构成的多样性、资源利用的可持续性等一些基本特征的同时，还具有旅游过程的参与性。休闲农业中，农业文化可以在游客的参与互动中得到展示、传承和提升。休闲农业经营最早称为农家乐、农业旅游、农业观光旅游，其主要形式为采摘水果、钓鱼、种菜、野餐等；消费模式则为住农家屋，吃农家饭，享农家乐，形式较为单一。近年来，休闲农业向集观光、餐饮、康体、休闲、度假、娱乐等为一体的综合性方向发展。休闲农业的发展，有利于提高农村资源的价值，有利于优化农村经济结构，促进农业生产发展，有利于吸收农村剩余劳动力，有利于提高农民的整体素质，有利于农业生态环境的保护，有利于促进村容村貌改善。

四、休闲农业产品组合

休闲农业产品组合是指对休闲农业产品中的生产文化旅游、生活文化旅游及娱乐文化旅游三个方面内容所包含的基本类型和规格进行选择与结合，以形成最优的休闲农业产品结构与体系，实现效益最佳。

首先，从休闲农业产品开发的层次上看，要重视两个方面的产品组合，一是拓展休闲农业产品的广度和深度，二是扩展产品线。

其次，从休闲农业产品的营销组织来看，则需要设计好休闲农业产品的内部组合。去乡村田野，小孩子是为了摘花、采果、扑蝴蝶，年轻人是为了寻求野趣、刺激，中老年人是趁机活动四肢，以达到短期养生目的。不管哪个年龄段，从步入乡村田野开始都有一个共同的目标：舒心。如今，人们的休闲旅游需求日趋强烈，而且已不满足于单一的农家乐、观光、采摘等休闲农业体验模式，需求日趋多元化。面对这种市场需求，现代休闲农业园区，不论项目规模、主题定位如何，必须以游客的体验为起点进行设计和安排。可以以农业文化、农村民俗为纽带，从以下 10 个基本要素出发，落实到产品设计和游客感知的各个维度，使休闲农业向深度和广度发展，丰富休闲农业产品的内容，为消费者提供高品位、多层次、全方位的休闲体验。这样打造出来的乡村农业文化旅游产品，不仅特色鲜明，且趣味十足。

（一）观光

观光是休闲农业基本的构成要素。视觉是人最重要的感觉，人体外界有用信息 80% 以上是经过视觉获取的，因此，观光游览、体验农业美必然是休闲农业基本的构成要素。"赏"比"游"更能体现休闲农业体验给人心灵上带来的愉悦，而且休闲农业中"赏"的内容和方式都很广泛，可以无限地进行挖掘和创新。

（二）收割和采摘

收割和采摘可以作为吸引游客的抓手。采摘作为近年迅速兴起的新型休闲业态，以参与性、趣味性、娱乐性强而受到消费者的青睐，已成为现代休闲农业的一大特色。采摘聚人气，带财气，成本低，收益高，是休闲农业园吸引游客的抓手。农业采摘不仅类型可以丰富多样，如草莓、葡萄、番茄、小西瓜、桃、枣、核桃、蘑菇等，都可以成为人们采摘体验的对象，而且还可以深度挖掘，进行细分，例如针对儿童、情侣、残疾人士等各类人群打造不同的采摘环境。

（三）饮食

饮食为消费者带来味蕾绽放之旅。民以食为天，长久以来，中国各地由于气候、资源、经济等原因，形成了差异化的饮食习惯和博大精深的饮食文化，风味多样且四季有别。近年来，伴随着人们对健康饮食方式的日益推崇，城市居民越来越崇尚乡村美食的生态自然和简单朴实，对于一些出游者而言，品尝特色乡村美食，满足味觉享受，就是去乡村的原动力。在休闲农业中，为消费者提供具有本地特点的美食，从食材、调料、做法、容器、饮食环境、饮食文化传承等各方面提供不一样体验，体现鲜明的本地特色和难以复制性，而根据不同的农业主题，又可以延伸出很多内容，例如田园主题餐厅、鲜花主题宴、渔村特色鱼宴等。放眼全国，有不少缺乏特色自然资源的乡村凭借特色美食成了人们追捧的旅游地。

（四）科普

休闲农业中可以进行农业知识科普宣传，发挥农业的教育功能。缺少科普教育的休闲农业体验是残缺的、不完美的，因为久居城市的人们渴望了解农业的奥秘及农村的生活方式，这种农村和城市的差异性、互补性是发展休闲农业的基本条件。

（五）农事

农事是休闲农业的重要领域。农业以耕为本，农耕是休闲农业区别于其他休闲类产品最本质的体现，是休闲农业的灵魂。农耕文明是中国几千年的历史沉淀和中国传统文化的核心组成，在发展现代休闲农业的过程中，应对其精髓加以继承、弘扬和创新。在现实中，除了农耕博物馆、农耕劳动体验园、亲子小菜园等形式，探索更为丰富多彩的体验方式，往往是休闲农业园出彩制胜的关键。

（六）娱乐

农业体验应该也是快乐的，如果我们深入挖掘，还可以营造出更多的快乐元素，如抓鱼、捡鸡蛋、斗蟋蟀等乡村野趣项目，民间地方戏、民间演艺、篝火晚会等乡村娱乐活动，还有玉米迷宫、愤怒的小鸟、稻草人等创意农业活动，这些轻松有趣的玩耍、嬉戏活动，对青少年有着强大的吸引力，也很容易将成年人带回无忧的童年时代，引起情感上的共鸣，延长游客停留时间，提升游客的满意度。

（七）休息

放松心情，释放压力是大多数游客出游的主要目的，休闲农业从各个方面能给消费者带来身体和心理的放松与享受。发展旅游，住宿必不可少，休闲农业规划设计时可淡化住宿设施本身的功能，植入农村文化和农业特色元素，强调乡村特有的住宿体验，注重对项目地原有民居等资源的利用，同时融入原生态、环保时尚的休闲产品。

（八）养生

这里所说的养生，是指开发农业的健康功能。当雾霾成为常态天气，城市环境污染日益严重，人们无比向往自然的绿色，便会逃离城市，寻找天然氧吧，休闲农业便成为最好的选择，因为农村可以为游客提供新鲜的空气、轻松的氛围、原生态的食品等。养生、养心、养肺、养颜、修身养性等，都可以成为休闲农业的重要内容。

（九）土特产

休闲农业实现了农产品的直销，使乡村生产者与城市消费者直接对接，减少了中间销售环节，生产者的利润大幅度提高。而且，游客大多都有购买体验的需求，如何打造既类型丰富又具有自身特色的商品，让游客快乐地把商品带回家，也应该是园区经营者最为关注的问题。商品的开发应跟休闲农业主题相结合，让游客快乐淘宝。就销售方式来讲，休闲农业应强调消费引导和购买体验的过程，以满足消费者心理和精神需求的体验为主。

（十）回归

回归是休闲农业高层次的体验。都市生活的紧张繁杂，使人们对于返璞归真的纯手工农业生产及简朴的生活越来越喜爱。休闲农业应本着生态乡野、回归本真的原则，让消费者情不自禁地回归大自然，产生心灵的归属感。

五、农业生产文化的开发

农业生产文化旅游，将农业生产资源与文化资源有机结合运用，可了解农业知识，主要包括农作物种植方式，农具体验方式和家禽、家畜饲养体验方式等。其中农作物，不论特用作物、粮食作物，还是园艺作物，从播种到收获，从生长时的生理特征到加工制品都有多种体验方式。有农作物观赏，即根据不同的时令，安排有关农作物的树、叶、花等形态的观赏，如春季赏油菜花，夏季赏荷花，并可制作成标本。有种植劳动，体验选种、育苗、施肥、灌溉、修剪、除草、收获、加工处理等劳作乐趣，并学习相关知识。有对农作物习性的了解，如茶叶的采摘、储存、加工技巧和工艺等。有农耕活动，如用犁翻土、用耙碎土、插秧比赛等，并可将花田、果园、茶场的土地按块租赁给游客，游客利用周末等闲暇时间，带领家人前来养花种树，既可锻炼身体又能增进全家人的感情。有特色农艺，体验织布、剪纸、手工酿酒、土菜烹饪等。有艺术插花、干花书签、花卉风景彩照等制作。有农具体验，农具能加深游客对农业发展的认知，传统农具更是智慧和经验累积的结晶，游客在体验中不仅能了解农耕文化，还能唤起游客对以往岁月的追忆和怀念；还可以组织农具展示，如展示耕田机、传统织布机、风车、水磨器具等，并通过影视记录、图片等加以解说。有亲近动物，组织游客认识、观赏、喂养或骑乘家畜类动物。

六、乡村景观设计与开发

乡村景观具有很高的美感度，可以成为紧张繁忙的都市人休闲放松、消除疲劳、恢复身心的场所，游客可亲手种植、维护和采摘，体验农耕的乐趣。

我国地域辽阔，各地的地形地貌和气候环境千变万化，差异很大。中国人很早就因地制宜、因时制宜、因物制宜地采取不同的经营方式，创造了多样性的农业生产模式。中国传统农业非常注重多种作物的搭配与布局，创造了间作、混作、套作等多层次的种植方式，提高农田、果园、菜园生物多样性，使农业生态系统复合化，提高其稳定性。利用相生相克原理，把两种或两种以上的生物种群合理组合在一起，用相生组合使种间互利共生，用相克组合达到生物防治的作用。

农田景观是耕地、林地、草地、水域、树林、道路等的镶嵌体集合，表现为有机物种生存于其中的各类碎化栖地的空间网格。或者说农田景观通常情况下是以林地、草地、水域、居民点和工矿企业等为镶嵌体，以农田防护林、道路、沟渠、田坎等为廊道，以耕地为基质的网格化景观体系。

乡村景观包含因地域环境形成的地域自然风貌、乡村聚落形态、后天农田景观等，是村民与自然和谐共处、天人合一的文化体现，也是乡村旅游开发的重要节点之一。乡村景观除了满足生产功能之外，同时带动了休闲农业的发展，直接促进了农民经济收入的大幅增加。例如植物迷宫是景观农业模式的一种。在旅游开发时应该以恢复和保护为原则，根据乡村景观的构成要素将乡村植物景观划分为村落植物景观、农户外环境、植物景观、农田植物景观、道路植物景观和水域河道植物景观等。乡村不同植物景观类型具有各自的特色和功能要求，乡村生态植物景观要讲究经济性、乡土性、功能性原则。景观农业就是利用多彩多姿的农作物，通过设计与搭配在较大的空间上形成美丽的景观，使得农业的生产性、可持续性与审美性结合起来，成为生产、生活、生态三者的有机结合体。其突出的特征是用美学价值表现农作物的观赏价值和特征结构。

农田景观的形成受自然因素、气候等和人为因素的影响，与其他景观相比，生产是农业景观独有的特征。基于乡村农业旅游的农田作物景观的设计，应从开发农田景观、建设休闲农业、完善农田林网三个方面，规划建设农业生产景观，并合理表达主题文化。不同的地区有着复杂的地理状况，地理状况的差异形成了多样的农田景观；一定的地理条件对应一定的农田耕作方式，从而形成不同的农田景观格局，例如山地的梯田景观、湿地的稻田景观。因此，应保持并营造适宜本地的田园自然景观。

（一）农田景观开发

农田作为乡村生态系统的一部分，影响着整个系统的平衡，并对粮食安全起着重要作用。针对村庄、设施的建设对基本农田的占用和破坏，农药化肥污染农田及农田基础设施视觉效果不佳的问题，应从以下几个方面进行开发。

保护基本农田，通过政策手段减少对农田的不合理占用。如在建设各类项目时，能够优先利用荒地和劣质土地的就不占用耕地，能够调整其他用地的就不新增建设用地，通过合理规划建设中心村农田林网水利设施、项目、建筑用房，减少农药的使用，拓展农田的保护内涵，最终建设成田成方、林成网、路相通、渠相连、土肥沃的高标准基本农田。

增加农田景观多样性。乡村农田多为大面积连片状，在景观生态系统里，小型块状景观可以增加景观多样性。例如乡村一些地方连片的黄色油菜花，虽然视觉壮观，但是缺乏吸引力。如果在大片的油菜周围点缀一定规模的蚕豆，则可以丰富视觉效果，增加景观的多样性。因此进行农田景观开发时，在不影响农业生产、不破坏整体农田景观格局的情况下，可以因地制宜地镶嵌作物色彩，从而增加农田的多样性，提升景观效果。研究表明，棉花邻作大豆或花生的复合景观可较好控制棉铃虫的危害。只有坚持保护农田景观，才能维护农田景观安全格局，保持乡村景观特色，实现人与环境的和谐。也可在适当季节改变区域内传统粮食作物种植，改为大面积种植观赏性较高的作物，例如大面积油菜花种植不仅提高了农田的观赏性，还提高了经济效益，达到观赏性与生产性的统一。

提升农业生产设施美学价值。一些乡村农田水利设施类型丰富，但其美学价值不足，需要利用艺术化手段进行处理。如巧妙地根据地形设置，改变沟渠平缓的水流，形成跌水景观；对水利建筑的形式加以考究，例如将水井保护用房建设成井亭，既起到保护作用，又提升了观赏价值；在沟渠的两侧设置木架，形成绿色长廊。总之需要因地制宜，利用科学的、艺术的处理手法，营造视觉优美的农田风貌。另外应注重农田轮廓的处理，在农田与居住区、农田与道路之间的田缘线，合理种植植物，避免他们之间生硬地交接在一起，而应合理过渡、有效衔接，通过综合处理地形、种植植被，增加农田田冠线的韵律和视觉效果上的层次感。

（二）创意休闲

休闲旅游是创意农业功能拓展的主要方向，也是休闲农业获得高附加值的主要途径。利用创新理念设计出各种蕴含乡村文化的休闲农业旅游项目，将创意农业从观光向观光＋度假＋体验的多元功能转变，从而实现创意农业价值体系由单一价值向复合价值的转变。例如，可以开发各类参与性休闲农业旅游项目，将乡村农田景观文化资源开发成展示、体验、表演型休闲体验项目，让消费者在欣赏与参与中感知乡村文化的魅力，满足消费者"游"与"娱"的需求。通过对休闲旅游项目开发，可以增加创意农业的产品类型，优化产品结构，进一步提升创意农业的收益水平。在实践中，可以围绕游戏、学习、耕作和休息，融入相应类型的乡村文化资源，设计和创造丰富多彩、各具特色的旅游项目。应用耕种体验来创新休闲农业，提升乡村旅游品质。乡村农业文化旅游亦可单独设立项目来满足游客体验休闲的需求。用体验来创新休闲农业，在作物生产中设计和开发适当的体验项目，能体现休闲农业的本质特点，更好地满足消费者的休闲消费需求。从专业的角度来看，休闲农业重在过程的体验，体验活动包括农作物夏令营、播种、移栽、灌溉、施肥、采收等。

不同地域都有其特殊的景观和文化，形成了不同特色的农田景观。景观千篇一律，不利于保护乡村文化遗产，农田建设的本质之一也是创造才能获得。景观是应该考虑的首要要素。休闲农业园区要体现以人为本，就必须要使休闲农业园区的主题以农业生产为基础，不同的主题农作物本身在不同种植方式下会具有不同的形态，形成不同的景观，在进行造景时，首先运用主题作物进行创造，发挥其生产功能，更能凸显主题文化的本质属性。对于种植业来说，能够发展成为农业主题旅游资源的农作物本身在不同时节具有丰富的色彩变化和姿态，对于后天农田景观的开发，无论空间的利用还是时间的利用，要在保证农田正常生产前提下，在规划时对生产用地进行合理的集中，利用田地的外在表现形式，构造农业旅游新景观。

第四章　休闲农业的经营与管理

休闲农业需要对对象、场所、土地、自然环境、技术、市场、产品、经营过程、人力、资金与投资等方面进行管理。

传统农业只包括园区范围内的管理，休闲农业不仅需要对园区范围内进行管理，还需要将园区与周边环境相结合，与周边社区建立合作共赢模式。

第一节　休闲农业的项目管理

建立智能完善、灵活高效的管理机构，解决好休闲农业园区的建设和管理问题，以保证各项工作的顺利进行。对休闲农业园区的建设实行法人负责制、招投标和工程监理制，对施工和监理单位进行公开招标，对每一个具体项目的管理进行量化，明确职责，实行层层岗位责任制，将责任分解到具体人员。在休闲农业园区建设期间，成立项目协调领导小组，实行责任追究制度，严格执行相关的规范和标准，将质量管理贯穿到项目建设的各个环节。

一、工程管理

（一）工程管理中需要注意的问题

工程管理中，需要注意的问题包括确保项目目标的明确性和可实现性、项目范围的准确界定、合理的时间规划与进度控制、成本预算的精确编制与严格管理、质量管理与持续改进、资源的有效配置与利用、风险的识别评估与应对策略制定、沟通协调与团队合作的强化、法律法规的遵守及项目收尾与交付后的评估。此外，还需要关注环境保护、社会责任和技术创新等方面，以实现工程的可持续发展。

（二）解决方法

解决工程管理中的问题通常需要以下措施。

1.明确项目目标：确保所有项目参与者对项目目标有共同的理解，并确保目标具体、可衡量。

2.范围管理：明确项目范围，制定详细的工作分解结构（WBS），避免范围蔓延。

3.时间管理：使用甘特图、关键路径方法（CPM）或项目评审技术（PERT）等工具制定和监控项目进度。

4.成本管理：编制详尽的预算计划，实施成本控制策略，定期进行成本审计。

5.质量管理：制定质量管理计划，实施质量保证和质量控制流程，确保项目成果符合标准。

6.资源管理：合理规划资源分配，包括人力、物资、设备等，使用资源平衡技术优化资源使用。

7.风险管理：识别项目风险，进行定性和定量风险分析，制定风险应对计划。

8.沟通管理：建立有效的沟通机制，确保项目信息的透明和及时传递。

9.团队合作：加强团队建设，明确角色和职责，提升团队协作能力和执行力。

10.合规性：确保项目遵循相关法律法规，包括安全、环保和行业标准。

11.环境保护：在项目规划和执行过程中考虑环境影响，绿色施工，确保可持续发展。

12.技术革新：采用新技术和方法提高工程效率和质量。

13.项目收尾：确保所有项目活动完成后进行彻底的收尾工作，包括验收、文档归档和经验教训总结。

14.程序公平：工程建设外包实行招标制。公开招标，公开竞争，择优录用，既能保证质量，又能节约投资。在之后的建设过程中，严格监督直至完工验收。

通过上述措施，结合项目管理的最佳实践和标准，如项目管理知识体系，可以有效解决工程管理中的问题。

二、资金管理

（一）休闲观光农业中的资金使用特点

休闲观光农业中的资金使用不仅具有资本效率变率大，投资风险变率大，现金周转快等主要特点，而且还有其他一些特点。

1.资金筹集多元化：休闲观光农业项目的资金来源可能包括政府补助、银行贷款、私人投资、社会资本及公私合作等多种渠道。

2.投资周期较长：由于休闲观光农业项目往往涉及基础设施建设和长期规划，因此需要较长的时间来实现投资回报。

3. 资金使用分散：资金可能会被用于多个方面，如土地开发、设施建设、景观设计、市场营销、日常运营等。

4. 重视投资效益：在资金使用上，休闲观光农业项目会更加注重投资的效益分析，确保资金投入能够带来良好的经济和社会效益。

5. 重视风险管理：由于休闲观光农业项目面临市场风险、自然风险等多种不确定因素，因此资金使用上需要有风险评估和管理机制，以降低潜在风险。

6. 注重可持续发展：资金使用会考虑到项目的长期可持续性，包括环境保护、社会和谐及经济效益的平衡。

7. 政策依赖性：部分休闲观光农业项目可能依赖政府的政策支持和资金扶持，这在一定程度上影响了资金使用的灵活性和效率。

8. 季节性投入：由于休闲观光农业受季节影响较大，资金使用可能会呈现季节性特点，如在旅游旺季前加大投入，以吸引游客。

9. 创新和研发投入：为了提升项目的吸引力和竞争力，资金也会被用于产品和服务的创新研发，以及相关的技术改进。

10. 重视品牌建设：资金会投入到品牌宣传和市场营销中，以建立和提升休闲观光农业项目的品牌形象。

这些特点反映了休闲观光农业项目在资金筹集和使用上的复杂性和战略性，需要综合考虑多方面因素，以实现可持续发展和经济效益最大化。因此，有效的资金管理制度对于休闲观光农业发展来说必不可少。

（二）休闲观光农业中的资金管理原则

1. 要保证有偿资金按要求偿还，严格执行国家基本建设投资计划和财政预算制度。

2. 保障建设资金足额到位，确保项目按照批准内容施工。

3. 定期对资金使用情况进行检查，确保政策和制度落实到位；监督财政资金使用和管理是否符合规定，保证各项资金的使用合法、合理，杜绝资金的挪用和滥用。

4. 提高资金的使用效率，项目资金属于专用的部分，必须实行专款专用，单独核算。

（三）休闲观光农业中的资金管理制度建设

休闲观光农业中的资金管理制度建设，可以采取以下措施。

1. 明确资金管理目标：确立资金管理的主要目标，比如提高资金使用效率、确保资金安全、支持休闲观光农业的可持续发展等。

2. 制定资金筹集计划：根据项目需求，制定详细的资金筹集计划，包括政府补助、银行贷款、私人投资、社会资本等多种渠道。

3. 规范资金使用流程：建立一套规范的资金使用流程，包括资金的申请、审批、拨付、使用和报销等环节，确保资金使用的合规性。

4. 建立资金监管机制：设立专门的资金监管机构或部门，负责对资金的筹集、分配和使用进行监督和管理，防止资金滥用和挪用。

5. 实行预算管理：制定年度或项目的财务预算，明确各项支出的预算限额，并对预算执行情况进行跟踪和控制。

6. 强化财务报告和审计：定期进行财务报告，包括资金的收入、支出、结余等情况，同时接受内部或外部的审计，确保资金管理的透明度和公信力。

7. 评估与控制风险：对资金管理过程中可能出现的风险进行评估，并制定相应的风险控制措施，如设立风险准备金等。

8. 提升资金管理人员素质：加强资金管理人员的专业培训，提升其财务管理能力，增强其风险防控意识。

9. 鼓励社会资本参与：通过政策引导和激励措施，鼓励社会资本参与休闲观光农业的投资和运营，形成多元化的投资主体。

10. 建立信息共享平台：建立资金管理信息共享平台，加强各相关部门之间的信息交流和数据共享，提高资金管理的效率和效果。

通过上述措施，可以建立起一套科学、规范、透明的休闲观光农业资金管理制度，为休闲观光农业的健康持续发展提供坚实的财务保障。

三、组织管理

（一）休闲观光农业中的组织管理基本原则

1. 坚持以市场为导向，满足游客多样化需求，提供高质量的产品和服务。

2. 注重可持续发展，保护生态环境，合理利用农业资源，确保农业生产与旅游观光的和谐共生。

3. 强化法规遵守，确保所有经营活动符合国家相关法律法规和行业标准。

4. 倡导创新驱动，鼓励采用新技术、新理念，提升服务质量和运营效率。

5. 重视人才培养，提高从业人员的专业技能和服务意识。

6. 加强合作共赢，鼓励与政府部门、旅游企业、当地社区及其他利益相关者建立良好的合作关系。

7. 注重品牌建设，通过有效的市场营销策略，提升休闲观光农业的知名度和市场竞争力。

8. 休闲农业园区的开发、建设、管理、运营，必须按照市场化开发运营、多元化渠道融资、现代化经营管理的总体原则进行，以建立符合现代企业制度要求的机制。

通过这些原则的实施，可以促进休闲观光农业的健康发展，增强其吸引力和竞争力，为游客提供更加丰富和满意的体验。

（二）休闲观光农业中的组织管理方法

休闲观光农业的组织管理是一个系统工程，涉及多个方面的协调和整合，具体方法如下。

1. 明确组织目标：确立组织的长远目标和短期目标，确保所有活动和决策都围绕这些目标进行。

2. 制定组织结构：设计一个清晰的组织结构图，明确各部门的职责和权限，确保高效运作。

3. 人才招聘与培训：吸引和选拔专业人才，并提供必要的培训，以提升员工的服务意识和专业能力。

4. 制定规章制度：建立一套完善的规章制度，包括财务管理、人力资源管理、日常运营等各个方面，以规范组织行为。

5. 强化内部管理：通过有效的内部管理，确保各项决策得以执行，资源得到合理分配和使用。

6. 建立质量控制体系：确保提供的产品和服务达到一定的质量标准，提高游客满意度。

7. 推动创新发展：鼓励创新思维，不断探索新的服务模式和产品，以适应市场变化和游客需求。

8. 加强市场营销：通过有效的市场营销策略，提升组织的知名度和吸引力，拓展客源市场。

9. 促进利益相关者合作：与政府、社区、供应商等相关方建立合作关系，共同推动休闲观光农业的发展。

10. 注重可持续发展：在组织建设中融入可持续发展的理念，注重环境保护和社会责任。

11. 建立风险管理机制：识别潜在风险，制定应对策略，确保组织的稳定和安全。

12. 持续改进与评估：定期评估组织的运营状况，根据反馈进行持续改进。

通过这些方法，休闲观光农业组织可以建立起一套结构合理、管理科学、服务优质的运营体系，为游客提供高质量的休闲体验，同时实现组织的长期发展。

（三）休闲观光农业中的部门设置

在休闲观光农业中，组织架构的设置通常需要考虑业务运营的各个方面。在休闲农业园区建设期间成立协调领导小组，下设专项工程指挥部，指挥部下设计划财务部、材料供应部、工程技术部和办公室等部门。后期运营过程中，可设置一些基本的部门。

1. 管理层。

（1）总经理或 CEO：负责整个组织的领导和决策。

（2）财务总监：负责财务管理和预算控制。

（3）运营总监：负责日常运营活动的监督和协调。

2. 市场营销部：负责市场调研、品牌推广、广告宣传和营销活动策划。

3. 产品开发部：负责观光农业产品的设计、开发和创新。

4. 客户服务部：提供客户咨询、预订服务、投诉处理和客户关系维护。

5. 人力资源部：负责招聘、培训、员工关系管理和绩效评估。

6. 财务部：负责会计、审计、财务报告和资金管理。

7. 行政部：负责日常行政事务、物资采购和设施维护。

8. 农场管理部：负责农作物种植、农场维护和农产品管理。

9. 旅游运营部：负责观光旅游项目的规划、执行和监督。

10. 安全与维护部：负责游客安全、设施安全检查和紧急事件处理。

11. 研发部：负责新技术、新方法的研究和开发。

12. 法务部：负责法律事务、合同管理和知识产权保护。

13. 信息技术部：负责信息技术支持、网站维护和数字化管理。

14. 社区关系部：负责与当地社区的沟通协调和合作发展。

15. 可持续发展部：负责环境保护、生态平衡和可持续发展战略的实施。

根据组织的规模、业务范围和特定需求，这些部门可以进一步细化或合并。重要的是确保每个部门都有明确的责任和目标，并且能够有效地协同工作，以支持休闲观光农业的整体运营和发展。

第二节　休闲农业的生产管理

休闲农业的生产管理需要综合考虑资源利用、安全质量控制、活动设计、环保可持续性等多个方面。通过科学的管理和有效的措施，实现休闲农业的可持续发展和游客的满意体验。

一、休闲农业生产管理

休闲观光农业是以农业活动为基础、农业和旅游业相结合的一种新型交叉产业。其管理既包括农业中所需要管理的对象，如植物、动物、微生物等，也包括旅游业的从业人员。前者的管理方式与农业生产管理相同；对于后者，要强加服务人员管理，提升综合素质和服务质量。

（一）农业生产管理

农业生产管理是一个全面而复杂的过程，包括以下主要内容。

1. 土地管理：涉及土地的规划、耕作、改良和保护，确保土地资源的合理利用和可持续性开发。

2. 种植管理：包括作物选择、播种、施肥、灌溉、病虫害防治、除草和收割等环节。

3. 资源管理：合理分配和使用农业生产中所需的各种资源，如土地、水、肥料、农药和能源等。

4. 财务管理：涉及农业生产的预算编制、成本控制、收益分析和财务报告。

5. 人力资源管理：包括农业劳动力的招聘、培训、调度和管理。

6. 设备和机械管理：涉及农业机械的采购、维护、修理和更新。

7. 供应链管理：确保产品从生产到市场的流通效率，包括物流、仓储和分销。

8. 风险管理：识别农业生产过程中可能遇到的风险，并制定相应的应对策略，如天气变化、市场价格波动等。

9. 市场营销：研究市场需求，制定营销策略，推广和销售农产品。

10. 质量管理：确保农产品的质量符合相关标准，包括食品安全、品种改良和品质控制。

11. 环境管理：减少农业生产对环境的负面影响，实施生态农业和可持续农业实践。

12. 政策和法规遵守：遵守国家关于农业生产的法律法规及相关政策，如土地使用、环境保护、农产品质量安全等。

13. 技术管理：采用现代技术，提高农业生产效率和产品质量。

14. 信息管理：收集、分析与农业生产相关的数据和信息，为决策者提供关键的信息和决策建议。

15. 合作与联盟：与其他农业企业、研究机构和政府部门建立合作关系，共同推动农业发展。

农业生产管理的目标是提高农业生产效率，保障食品安全，保护环境，同时实现经济效益和社会效益的最大化。

（二）观光旅游休闲度假管理

观光旅游休闲度假管理涉及一系列活动，旨在提供高质量的游客体验，同时确保业务运营的效率和效果。观光旅游休闲度假管理通常包括以下内容。

1. 市场研究：了解目标市场的需求、偏好和趋势，为产品开发和营销策略提供依据。

2. 产品开发：设计和开发符合市场需求的旅游产品和服务，如观光项目、休闲活动、度假套餐等。

3. 营销与推广：通过广告、公关活动、社交媒体和合作伙伴等关系提升知名度，吸引游客。

4. 预订管理：建立预订系统，处理客户预订，并确保预订过程的高效和准确。

5. 客户服务：提供卓越的客户服务，包括信息咨询、行程安排、投诉处理等。

6. 住宿管理：管理度假住宿设施，包括客房预订、客房服务和住宿质量控制等。

7.餐饮管理：提供多样化的餐饮服务，管理餐厅运营，确保食品安全和客户满意度。

8.活动与娱乐管理：规划和组织各种娱乐活动和旅游项目，增加游客体验的丰富性。

9.设施维护：维护和保养度假村的设施，确保其安全和功能性。

10.人力资源管理：招聘、培训和管理员工，确保服务质量和团队效率。

11.财务管理：进行财务规划、预算管理、收入管理和成本控制，确保经济效益。

12.安全与风险管理：制定和执行安全政策，进行风险评估和应急准备。

13.环境保护：实施环境保护措施，推动可持续发展的旅游实践。

14.供应链管理：管理供应商关系，确保所需资源和服务的质量和供应。

15.信息技术管理：利用信息技术提高运营效率，如使用预订系统、客户关系管理系统等。

16.质量控制：定期检查服务质量，确保游客满意度和品牌声誉。

17.法规遵守：遵守相关的法律法规和政策，如旅游法规、《中华人民共和国劳动法》《中华人民共和国环境保护法》等。

18.社区关系：与当地社区建立良好关系，促进地方经济发展和文化交流。

19.危机管理：制定危机管理计划，以应对突发事件和紧急情况。

观光旅游休闲度假管理的目标是为游客提供安全、愉快和难忘的体验，同时确保业务的可持续性和盈利能力。

二、休闲农业园区的生产管理

休闲农业园区的生产管理是对区域内农牧产品的生产过程加以规划和控制，一般包括农业种植规划、设施和机械设备管理、生产制度管理、品种引进管理、培育及饲养管理、收获管理等内容。

（一）农业种植规划

休闲农业园区的产业布局必须同时符合农业生产和旅游服务的要求，因此，在区域内，需要在确立农业生产基础地位的同时，不断开拓旅游服务的价值供给。在规划时，不仅要围绕农作物良种繁育、生物高新技术、蔬菜与花卉、畜禽水产养殖、农产品加工等产业来开展，还要提升观光旅游、休闲度假等第三产业在休闲农业园区景观规划中的作用。

休闲农业中的种植规划应综合考虑市场需求、当地气候条件、土壤特性及旅游资源，制定既满足农业生产需求，又能提供旅游观光价值的作物种植计划。这包括选择适宜的作物种类，如水果、蔬菜、花草、观赏植物等，以吸引游客并提供学习和体验机会；确定种植模式和布局，包括轮作、混作或主题花园设计，以增加景观多样性和生态平衡；安排种植时间，确保全年有吸引力的景观和农产品供应；融入创新和可持续的农业技术，提高作物质量和生产效率。此外，种植规划还应考虑与休闲农业园区内其他活动的协调，如农事体验、教育活动和节庆活动等，以增强游客的参与感和满意度。

（二）设施和机械设备管理

设施和机械设备管理主要是指基础设施管理和生活生产设施管理。休闲农业中的设施和机械设备管理涉及对农业生产和旅游接待所需设施及机械的维护、保养、更新和优化配置。这包括确保对所有农业机械如拖拉机、收割机、灌溉系统等定期检查和维修，以保持其最佳工作状态；对游客接待设施如住宿小屋、餐厅、娱乐区等进行日常清洁和周期性升级，以提升游客体验；合理规划设施布局，以便于游客参观和参与农事活动；采用高效的能源和水资源管理系统，确保设施的可持续运营。此外，还需制定应急措施，以应对设备故障或意外情况，确保休闲农业活动能够顺利进行，同时为游客提供安全、卫生、舒适的环境。

基础设施的管理主要是指道路、水道、走廊、凉亭、小桥等设施的维护与保养，以减少使用消耗，保证使用安全。

生产生活设施是指农产品种植大棚、生产用的机械及非机械工具、游客娱乐休闲用的钓具、球拍、球及一些固定的娱乐设施。其管理应在充分考虑其规模、季节、效益后进行统筹安排与设置，以避免资源浪费或者不足。

（三）生产制度管理

生产制度的管理指在生产过程中落实并坚持区域内农牧产品的特色化和生产的专业化，从而保持差异，保证领先。休闲农业中的生产制度管理涉及建立一套完整的规范和流程，以确保农业生产与旅游体验的和谐统一。这包括制定明确的生产计划，合理安排农事活动，确保作物种植、收获与旅游季节相匹配；实施质量管理体系，从种植、收获到产品加工各个环节严格把控产品质量；建立环境与生态保护措施，确保农业生产活动可持续且对环境影响最小化；制定劳动管理制度，合理调配人力资源，提高劳动生产率；建立应急预案，有效应对天气变化、病虫害等不可预测因素，保障生产活动和游客体验的稳定性。通过这些综合性的管理措施，休闲农业能够在提供丰富旅游体验的同时，保持农业生产的高效性和持续性。

（四）品种引进管理

品种引进管理指对休闲农业园区前期需要引进的农牧产品的品种、产地、市场前景等方面进行考察核实，再结合本地区的地理气候等条件进行合理、科学的筛选分析，保证品种的优良性。

休闲农业中的品种引进管理是确保农业多样性和提升旅游吸引力的关键环节，它要求管理者综合考虑本地气候、土壤条件、市场需求及游客偏好，精心选择和引进具有观赏价值、经济效益和生态适应性的作物品种。这包括对新品种的前期调研、试验种植、风险评估，以及引进后的适应性观察、栽培技术研究和推广应用。同时，还需关注品种的更新换代，定期评估现有品种的表现，确保休闲农业园区的作物种类能够持续满足游客的新奇体验需求和市场的变化趋势，从而增强园区的竞争力和可持续发展能力。

（五）培育及饲养管理

培育及饲养管理即坚持科学饲养、适时适量的原则，避免盲目投料或投料不足，减少浪费，提高效率，从而降低总体运营成本。

休闲农业中的培育及饲养管理旨在确保动植物的健康生长和生产效率，同时为游客提供教育和互动体验。这包括精心选择适宜的种苗和幼畜，采用科学的培育和饲养方法，确保它们在健康、安全的环境中生长；实施有效的疾病预防和控制措施，减少病虫害的影响；定期对动植物进行健康检查和生长监测，确保其状态良好；为游客提供观察、学习和参与农事活动的机会，增强他们对农业生态和自然保护的认识。此外，培育及饲养管理还涉及对饲养环境的维护，如清洁、消毒，以及对饲养人员的专业培训，确保他们能够提供专业的护理和饲养服务。通过这些细致的管理措施，休闲农业不仅能够提供高品质的农产品，还能为游客带来丰富而有意义的休闲体验。

（六）收获管理

为保证休闲农业园区农牧产品的特色和质量，要对农牧产品的采收和销售前的加工包装过程按照一定规范进行必要的标准化，使每个产品的品质趋于统一，从而提高产品竞争力。

休闲农业中的收获管理是一个综合管理过程，它不仅涉及作物的种植、生长和成熟，还包括如何合理地安排收获时间、收获方法及后期的储存和销售。在休闲农业中，收获管理需要考虑游客的体验和参与，确保游客能够在合适的时间参与收获活动，体验农耕文化和自然之美。同时，管理者还需要对作物的生长周期进行密切监控，合理安排人力和物力资源，确保作物能够在最佳成熟期收获，减少浪费，提高经济效益。需要注意的是，收获后的储存和销售也是管理的重要环节，需要妥善处理，以保证农产品的新鲜度和市场竞争力。有效的收获管理，不仅能使休闲农业提供高品质的农产品，还能增强游客的互动体验，提升农业旅游的整体价值。

第三节　休闲农业的营销管理

休闲观光农业市场变化大，产品需求与供给弹性大，价格变动小。因此在市场竞争中避免单一价格竞争策略是尤为重要的，所以建立自己的营销体系也是必不可少的。

营销管理指通过研究休闲农业市场，选择目标市场，并对有关产品定价、促销和宣传活动的决策，进行分析、规划、执行和控制，以获取新的顾客资源，维护原有顾客资源，进而让产品更好地打入市场，为企业创造更多利润。

营销管理需要在对外部环境（客户分析、竞争对手分析、行业特色分析）和内部环境（成本分析、内部资源分析、绩效分析）分析的基础上，根据分析结果确立目标市场，规划和控制推出产品，使产品更加具有独特性、合理性、多样性等竞争优势。

宣传促销是休闲农业园区营销管理的重要环节，一般的促销手段有广告活动、人员促销、折扣活动、公共关系促销等。利用大众传媒，如报纸、电视、广播等方式进行广告活动是最有效的促销手段，各休闲农业园区经营者可结合区域内的近期和远期发展规划、目前经营状况、目标市场定位等，在不同的媒体中进行性价比较，不同阶段选择不同的宣传媒介。此外，每年定期举办文化节、专家讲座、采摘节、培训教育等带有公益性质的活动，体现社会责任，彰显文化内涵，也会间接起到广告宣传效果。

市场营销是一种计划及执行活动，包括对一个产品、一项服务或一种理念的开发，并进行制作、定价、促销和流通等活动，其目的是通过管理交易过程，达到满足组织或个人的需求。

休闲农业市场营销是休闲农业经营者根据旅游市场需求和自身旅游资源进行产品开发、定价、促销和分销的计划和执行过程，是休闲农业资源优势和产品优势转化为产业优势的重要途径。

一、休闲农业营销的内容及拓展要点

（一）休闲农业营销内容

1.休闲农业市场调查。

休闲农业市场调查是一项系统性工作，它要求深入分析目标市场的需求、偏好、消费行为和潜在问题。

首先，需要确定调查的目的和范围，比如了解消费者对休闲农业活动的兴趣点、参与意愿及支付能力。其次，收集数据的方法可以多样化，包括在线问卷调查、面对面访谈、电话访问及社交媒体分析等，以确保数据的广泛性和代表性。在收集数据后，通过数据分析工具对数据进行整理和分析，挖掘消费者的需求和市场趋势。再次，调查还应关注竞争对手的情况，包括他们的服务内容、价格策略和市场定位等，以便制定差异化的经营策略。最后，根据调查结果，制定或调整休闲农业的市场推广计划，以满足市场需求，提高市场竞争力。整个市场调查过程需要细致入微，以确保收集到的信息准确可靠，为休闲农业的经营决策提供有力的数据支持。

2. 休闲农业活动商品规划。

休闲农业活动商品规划是一项旨在优化游客体验、增加经济效益的战略性工作，包括商品定位、确定目标销售对象、选择销售渠道、预估销售量、估计销售费用与成效等。它需要综合考虑休闲农业的特色、目标客户群体的需求及市场趋势等，设计和开发各种与农业相关的商品和服务。

首先，商品规划要突出休闲农业的独特性，比如，利用当地特色农产品开发纪念品、手工艺品或美食产品，以增强游客的参与感和购买欲望。其次，规划中的商品要多样化，要能满足不同游客的兴趣和需求，比如提供农耕体验、农产品采摘、农家乐餐饮服务等。再次，商品规划还应注重创新性和可持续性，不断推出新的活动和商品以吸引游客，同时确保资源的合理利用和环境保护。最后，有效的商品规划还应包括合理的定价策略和营销推广，以提高商品的市场竞争力和知名度。通过精心的商品规划，休闲农业不仅能够为游客提供丰富多彩的体验，还能为经营者带来稳定的经济收益。

3. 营销渠道拟定。

休闲农业的营销渠道拟定是一项关键的策略活动，它要求经营者根据目标市场的特点和自身的资源条件，选择合适的营销渠道来推广休闲农业产品和服务，如明确渠道广度、深度与长度，新渠道的设定，原有渠道的维护与管理，对渠道的扩展活动等。

首先，经营者需要确定主要的目标客户群体，了解他们的行为习惯和消费偏好，从而制定有针对性的营销策略。其次，营销渠道的选择可以多样化，包括线上和线下两个方面。线上渠道可以利用社交媒体、旅游网站、电子商务平台等进行宣传和销售，而线下渠道则包括与旅行社合作、参加旅游展会、举办节庆活动等。此外，还可以通过与当地政府、社区组织和其他农业企业建立合作关系，共同开发市场，实现资源共享。再次，在营销渠道的规划中，还应考虑如何利用口碑营销和体验营销，鼓励游客分享他们的体验，吸引更多的潜在客户。最后，经营者需要定期评估和调整营销渠道策略，以适应市场变化和消费者需求的演进，确保休闲农业的持续发展和竞争力。通过精心规划和有效执行，休闲农业的营销渠道能够成为联结游客和经营者的桥梁，为双方创造价值。

4. 营销活动促进。

休闲农业的营销活动促进是一项旨在提高知名度、吸引游客并增加收益的综合性工作，包括运用重点与集中的原理筛选销售对象，确认促销主题或诉求重点，挑选合适的销售对象、推销技巧及方案组合等。这需要经营者深入理解目标市场，制定有创意且吸引人的营销计划。

首先，可以通过举办特色节庆活动、农事体验、文化展示等，增加休闲农业的吸引力，让游客在享受自然风光的同时，体验到农业生产的乐趣。其次，利用数字营销工具，如社交媒体、博客和在线广告，扩大宣传范围，吸引年轻一代的注意力。再次，与当地旅游机构合作，共同开发旅游套餐和推广活动，可以增加曝光度，吸引更多游客。还可以通过口碑营销，鼓励游客分享他们的体验，利用正面的用户评价来吸引新客户。最后，定期评估营销活动的效果，并根据反馈进行调整，确保营销策略与市场趋势和消费者需求一致。通过这些策略，休闲农业可以有效地提升品牌形象，增加游客流量，从而促进业务的增长和成功。

5. 广告宣传活动。

休闲农业的广告宣传活动是提升品牌知名度和吸引游客的重要手段，能够提高休闲农业产品的曝光率，提高销售能力。

首先，广告内容应突出休闲农业的独特卖点，如自然风光、农耕体验、文化特色等，以吸引目标客户群体的兴趣。其次，选择合适的广告渠道至关重要，可以结合线上和线下多渠道进行宣传，例如通过社交媒体、旅游网站、地方电视台和广播电台等平台，以及在旅游景点、交通枢纽等人流密集区域设置户外广告。当然，创意和设计是广告成功的关键，应采用吸引人的视觉元素和引人入胜的文案，以增强广告的吸引力和记忆点。再次，可以运用故事营销策略，通过讲述与休闲农业相关的有趣故事或成功案例，增强广告的情感共鸣和说服力。最后，定期评估广告效果，根据反馈调整宣传策略，确保广告投入能够带来实际的游客增长和经济效益。通过精心策划和执行广告宣传活动，休闲农业可以有效地提升市场竞争力，吸引更多游客前来体验。

6. 营收管理活动。

休闲农业的营收管理活动是确保经营可持续性和盈利的关键环节。这要求经营者对收入来源进行细致的规划和监控，同时也要合理控制成本。首先，营收管理需要对休闲农业的各类产品和服务进行定价，确保价格既能吸引游客，又能反映成本和市场价值。其次，经营者需要通过市场调研来确定游客的消费心理和支付意愿，据此制定灵活的定价策略，如季节性折扣、团体优惠或会员制度等。再次，营收管理还涉及现金流的监控，确保资金的流动性和安全性，以支持日常运营和长期发展。经营者还应定期进行财务分析，评估各项业务的盈利情况，并根据分析结果调整经营策略。最后，营收管理还包括风险管理，如通过多元化收入来源、保险和应急资金等方式来降低经营风险。通过有效的营收管理，休闲农业可以增强自身的盈利能力，实现稳定增长。

（二）休闲农业营销拓展要点

1. 衡量并改善游客满意度。

改善游客满意度不是消极地对游客的不满意之处加以改善，而是积极主动地发现游客满意度的增长点，并加以强化。其中，通过游客满意度调查、搭建游客投诉处理系统和流失游客分析系统等方法来衡量游客满意度，并深入寻找原因，进而提升游客的满意度，这是休闲农业营销评估的必备功课。

2. 把游客视为服务过程的共同制造者及参与者。

对休闲农业而言，活动与服务过程即是产品。游客对于活动与服务质量的印象来自整体服务，而不只是根据外在的活动与服务。若以策略性观点，休憩活动与服务因与游客关系的不同，而促使其活动与服务形态也有所差异。再加上休闲农业具有生态资源、农村生活和绿色产业体验之独特性，休闲农业经营者有必要把游客视为活动与服务过程的参与者，为游客提供特色活动，以凸显与别人不同之处。游客可以从心理层面隐约觉察到内在服务感受，如休闲过程中气氛的舒适与自在、体验活动解说服务后的安全与满意的保证等。

3. 制造第一事件。

通过促销来推广新的产品和服务，通常需要精心策划、组织和执行。可以利用名人效应或具有新闻价值的事件来制造热点，吸引媒体和社会公众的关注。这样的策略旨在提升休闲农业园区及其休闲活动的知名度，并最终促进产品和服务的销售。然而，事件营销的成功关键在于抢占先机，只有成为第一才能引起媒体和公众的兴趣，否则，仅仅跟随他人，很难吸引关注。

事件营销的核心在于创新，即做别人未曾做过的事，说别人未曾说过的话。为了实现这一目标，休闲农业园区必须首先分析自身的资源优劣势，同时了解竞争对手的优劣势，做到知己知彼，百战不殆。因此，营销策划人员需要保持对社会政治、经济、科技、文化等方面的敏锐洞察力，以便捕捉和创造有效的营销机会。

此外，如果活动能够为参与者提供全面的感官和情感体验，其影响力将更加深远。通过刺激视觉、味觉、触觉和嗅觉等感官，可以显著提升参与者的整体印象。因此，强调游客所体验的活动和服务是由多元化、全方位的刺激构成的综合体验，对提升利润至关重要。

4. 面向未来的新营销模式。

充分利用信息科技和互联网技术，将客户需求具体化。我们的目标不是操控游客，而是帮助他们认识到自己的需求。通过这种方式，游客可以体会到农业园区所提供的活动和服务正是他们所需要的。面对未来的营销竞争，应当关注可能出现的焦点，例如植入式营销。植入式营销的基本结构包括一个营销活动和两个营销主体，一个营销主体在活动中处于显眼的位置，而另一个则相对处于隐蔽状态，后者通过前者的活动来实现自己的营销目的。其主要表现形式是在影视作品中隐形地进行自我宣传，例如2009年大热的影片《非诚勿扰》中对西溪湿地和海南三亚的隐形宣传，这种宣传方式可谓是"不著一字，尽得风流"。

5.培养有效处理营销危机的管理能力。

危机公关在现代营销中扮演着不可忽视的角色。危机可能由客观或主观因素甚至不可抗力引发的意外事件所导致。对于休闲农业园而言，一旦发生营销危机，不仅可能造成重大的经济损失和形象损害，甚至可能导致破产。然而，危机中往往蕴藏着转机，关键在于经营者如何将危机转化为机遇。危机虽然不可避免，但并不一定完全是坏事，关键在于经营者如何看待危机和在危机发生后的处理能力。

因此，休闲农业园需要强化与游客的沟通，建立客户档案，设立消费者热线，妥善处理游客投诉，主动访问流失的游客，维护与游客的关系，并以积极的态度应对事件，努力在事发后挽回游客的信任，防止游客流失，从而稳固品牌地位。

二、休闲农业市场营销定位

科学的休闲农业营销是在科学的发展观指导下，采用科学的营销策略和工具，通过分析、计划、执行、反馈和控制等步骤，协调各种旅游经济活动，以实现经济效益和社会效益的双重盈利。

在制定休闲农业营销计划之前，首先要进行市场调研。基于调研结果，休闲农业产品需要进行 3 个方面的定位：主题定位、市场定位和价值定位。通过这一系列的科学营销步骤，休闲农业可以更好地满足市场需求，提升竞争力，实现可持续发展。

（一）主题定位

主题定位明确休闲农业的核心价值和特色，确定其在市场中的独特地位。其关键在于对所有产品进行整合，深入挖掘独具特色的文化内涵。在此基础上，设计出富有创意、能够给游客带来新鲜感的主题。这样的主题应当能够激发游客的好奇心和探索欲，让他们在体验过程中感受到新颖、新鲜和新奇。

休闲农业市场营销中的主题定位是确立其在市场中独特地位的关键步骤，这要求经营者深入挖掘并明确休闲农业的核心价值和特色。首先，需要识别和强调休闲农业所提供的独一无二的体验，如亲近自然的环境、农耕文化的传承、健康绿色的农产品等，这些都是吸引游客的重要因素。其次，通过市场调研，了解目标客户群体的需求和偏好，以及竞争对手的情况，来确定休闲农业的主题定位。这可能包括作为教育基地、健康养生目的地、家庭休闲场所或者文化体验中心等。再次，根据这一定位，制定相应的营销策略和品牌传播计划，以确保休闲农业的形象和价值主张能够清晰地传达给潜在客户。最后，主题定位还涉及如何与当地社区、政府和其他利益相关者建立合作关系，共同推广休闲农业的价值和理念。通过明确和坚持休闲农业的主题定位，可以有效地吸引目标客户，提升品牌认知度，从而在竞争激烈的市场中占据一席之地。

（二）市场定位

市场定位识别目标市场和潜在客户群体，了解他们的需求和偏好，是在市场细分的基础上确定产品的目标市场。休闲农业市场营销中的市场定位是一个战略性过程，它要求经营者首先识别和定义目标市场，即那些最有可能对休闲农业提供的服务和体验感兴趣的消费者群体。这就需要对潜在客户群体进行深入的市场调研，以了解他们的需求、偏好、消费行为和生活方式。通过这些信息，可以更精准地设计和提供符合目标市场期望的产品与服务。例如，如果目标市场是寻求自然体验和亲子活动的家庭，可以开发相关的农耕体验、动物互动和儿童教育项目。同时，市场定位还包括分析竞争对手，了解他们的优势和不足，从而找到差异化的切入点，确立休闲农业在市场中的独特地位。这可能意味着强调其独特的地理优势、文化特色、高品质的农产品和个性化的服务。通过明确的市场定位，能够更有效地吸引并满足目标客户，使其建立起对品牌的忠诚度，并在竞争激烈的市场中获得成功。

根据消费者对休闲农业需求的不同，可细分为不同类型的消费者群。

1. 中小学生。可以根据他们的需求和兴趣，开设一系列特色课程，包括自然知识课程、科技知识课程和手工课程。这些课程旨在将特色农业区转变为中小学生的第二课堂，为他们提供一个户外学习的环境。具体来说，可以设立以下项目。一是户外教室。利用农业区的自然环境，为学生提供亲身体验和学习的机会。二是拓展训练营。通过夏令营和冬令营活动，培养学生的团队合作能力和生存技能。三是季节性游学活动。组织春游和秋游，让学生在不同季节体验农业区的变化和自然之美。四是直接参与农业生产。让学生参与实际的农业生产中，如种植、收获等，以增强他们的实践能力和对农业的了解。

2. 想体验农业劳动的城市人。为长期居住在城市、未曾参与过农业劳动的人们提供亲身体验农事的机会和空间。通过传授相关的农业知识，让他们有机会直接参与农业劳动，从而体验农耕的乐趣。

3. 有怀旧情结的新城市人。许多在农村出生并长大的人们，尽管现在生活在城市，对乡村和农业生活依然怀有深厚的情感。他们希望家人，尤其是孩子们，能够对农村和农业有所了解和体验。

4. 向往大自然的"银发族"。在应对高龄化社会的背景下，致力于为日益增多的银发老人提供心灵的慰藉，为此，提供适宜的场所和服务，让他们能够体验耕种、收获，享用农产品及将产品馈赠给他人的乐趣。

5. 特殊人群。为了满足城市特殊人群的需求，设计一系列针对性的项目，以促进他们的积极参与。对于年轻人，可以提供栽种"恋人树""爱情树"和"结婚纪念树"的场地，让他们在自然中培育爱情，纪念重要时刻。对于中青年群体，可以开辟狩猎场和捕鱼场，提供亲近自然和体验户外娱乐的机会。对于下岗工人，可以提供场地承包经营的机会，帮助他们重新找到工作并实现自我价值。通过这些项目，可以为不同年龄和背景的市民创造一个充满活力和机会的休闲农业环境。

（三）价格定位

价格定位即根据目标市场的消费能力、消费偏好等特征为产品定价。

休闲农业市场营销中的价格定位是一项关键策略。它要求经营者综合考虑成本、市场需求和竞争状况来制定合理的价格策略。首先，成本因素是价格定位的基础，需要计算包括生产成本、运营成本、人力成本等在内的各项成本，确保价格能够覆盖成本并实现盈利。其次，市场需求分析是制定价格策略的重要环节，通过市场调研了解目标客户群体的消费能力和支付意愿，以及他们对休闲农业服务价值的认知，从而确定价格区间。再次，竞争状况也是影响价格定位的重要因素，需要考虑同行业内其他休闲农业企业的价格水平，以及他们提供的服务和体验，制定具有竞争力的价格策略，避免价格战，同时确保自身产品和服务的独特价值得到体现。最后，休闲农业的价格定位旨在吸引目标客户，同时保持合理的利润空间，实现可持续发展。通过灵活运用定价技巧，如分层定价、捆绑销售、季节性折扣等，可以更好地满足不同客户的需求，增强市场竞争力。

三、休闲农业市场营销策略

（一）产品策略

休闲农业旅游产品与服务对于其目标客户来说，都具有一种利益。这种利益不仅包括满足游客对该产品类别的期望，如产品属性和价值观，还应该在产品属性上进行创新或增加新的形式，甚至引入新属性。通过这些方式，可以开发出与竞争者有效竞争的产品属性或差异化属性。因此，在休闲农业旅游产品与服务的规划上，要找出自身的差异化优势是关键。例如，可以通过把握流行话题，创造新的休闲活动和服务产品，这样可以使营销规划更加高效。但是由于市场环境的变化、游客偏好的转移以及竞争者的压力，休闲活动与服务产品需要定期进行更新和调整。只有不断更新，才能保持市场竞争力，避免沉浸在过去的成功中，忽视了产品线的更新。

（二）定价策略

休闲农业产品的营销环境变得越来越动态化，因此，即使是精心制定的定价策略也可能很快过时。各细分市场的价格接受水平、游客的接受程度以及环境变化（如季节、竞争等）之间存在密切关系。因此，应当根据环境的变化来调整定价策略或实施差别化定价。差别化定价策略可以分为以下 5 类。

1. 市场差别定价。也称为价格歧视，是一种根据顾客、产品、地点、时间或购买条件的不同而对同一产品或服务实施不同价格的营销策略，如学生优惠、老年人折扣、家庭套餐折扣等针对不同的市场或地理区域的顾客设定不同的价格。这种策略的核心在于识别并利用市场细分中的不同需求弹性，以实现利润最大化。企业可能会对不同客户群体（如学生、老年人或企业客户）实施不同的价格，或者在不同的销售渠道（线上与线下）设置不同的价格。通过市场差别定价，企业能够更好地满足不同消费者的需求，同时增加销售量和市场份额，但同时也需要考虑法律和道德因素，确保定价策略的公平性和透明度。

2. 产品形式差别定价。它允许企业对同一产品的不同形式或变体设置不同的价格，例如同一种产品的邮购礼盒、现购礼盒、团购礼盒、学生型礼盒可设定不同的价格等。这种策略通常基于产品特征、包装、品牌、服务质量或附加功能等方面的区别，来满足不同消费者群体的需求和支付能力。例如，一家生产洗发水的公司可能会为其基本款洗发水设定较低的价格，而为其含有额外护发成分的豪华版设定更高的价格。这种定价方法使企业能够覆盖更广泛的市场范围，同时为不同层次的消费者提供选择，增加产品的市场渗透率和消费者满意度。但应注意实施产品形式差别定价时，企业需要确保不同产品形式之间的差异是明显且合理的，以避免消费者感到困惑或认为价格设置不公平。通过精心设计产品线和明智的定价决策，企业可以有效地提高利润和市场竞争力。

3. 时间差别定价。这是一种根据产品或服务在不同时间点的需求和成本变化来设置不同价格的策略，如根据淡季和旺季、工作日和节假日等时间差异，收取不同的价格。这种定价方法通常用于旅游、交通、娱乐和能源等需求随时间波动较大的行业。例如，航空公司可能会在旅游淡季提供较低的机票价格，而在旅游高峰期提高价格，以此来平衡供需并最大化收益。同样，电影院可能会在非高峰时段（如工作日的白天）提供折扣票价，而在周末或晚上的黄金时段收取更高的票价。时间差别定价的关键在于对市场动态的准确预测和对不同时间段消费者支付意愿的了解。通过这种方式，企业可以更有效地管理库存，优化资源分配，并鼓励消费者在需求较低的时段进行购买，从而实现收益最大化和市场效率的提升。

4. 技术差别定价。这是一种基于产品技术特性或服务水平差异来设定不同价格的策略。这种定价方法允许企业针对不同技术规格的产品或不同级别的服务收取不同的费用，以适应不同消费者的需求和支付能力。例如，一家电子产品制造商可能会为其高端产品配备更多先进的功能和更高的性能，因此定价更高，而为其基础版产品设定较低的价格。同样，在软件服务领域，服务商可能会提供基础版、高级版和专业版等不同级别的服务套餐，每个级别都有不同的功能和价格。技术差别定价使企业能够更精准地定位细分市场，满足不同消费者的需求，同时通过高技术产品或服务获取更高的利润。但是实施这种定价策略时，企业需要确保技术差异是显著的，并且能够为消费者带来实际的价值，以避免消费者感到价格不公或被误导。通过精心设计的产品和技术的差异化，企业可以有效地利用技术差别定价来增强市场竞争力和盈利能力。

5. 累计消费次数差别定价。这是一种根据顾客的累计购买次数或消费历史来设定不同价格的策略。这种定价方法通常用于奖励忠诚顾客，鼓励重复购买，建立长期的客户关系。例如，零售商可能会为首次购买的顾客提供标准价格，而对于达到一定购买次数的回头客，则提供折扣或会员专享价格。此外，一些服务行业，如健身房和美容院，可能会根据顾客的累计访问次数提供不同级别的会员服务和优惠。累计消费次数差别定价策略有助于提高顾客的满意度和忠诚度，同时通过口口相传的方式吸引新顾客。但是实施这种定价策略时，企业需要确保价格体系的透明度和公平性，避免新顾客感到被歧视，同时也要确保忠诚顾客感受到真正的价值和尊重。通过精心设计的累计消费奖励计划，企业可以有效地利用累计消费次数差别定价来增强顾客黏性，提升市场份额。

这些策略的目的是在短期内实现利润最大化，并根据市场竞争条件的变化，利用价格的弹性进行调整，以确定游客最能接受的价格水平。在实施差别化定价时，营销的重点在于强调经营利润而非单纯的销售量。

（三）渠道策略

对于休闲农业旅游产品与服务来说，如何有效地将活动和服务直接传递给最终游客，是至关重要的价值创造活动。然而，我们也不能忽视上游资源的获取，这包括产品供应商、旅游运输公司、各种营销组织，如休闲农业协会、休闲旅游业、网购和邮购平台，以及机关团体工会等福利部门，还有旅店和餐厅以及中介机构，都是这个大系统中相互关联的重要组成部分。

因此，在渠道规划和应用方面，有必要对现有的营销渠道进行重新思考和调整，以保持分销渠道的最大收益。这意味着要在仔细评估的基础上，对现有的营销渠道结合互联网、餐饮休闲旅游业务，以及航空、铁路和公路旅游运输业的发展进行调整。

（四）推广组合规划

休闲农业旅游营销在提升知名度、增加游客量、吸引新游客体验等方面扮演着重要角色。为了在竞争激烈的市场中取得成功，同时保证经营利润、市场占有率和可持续发展，合理推广组合规划至关重要。这需要有效利用有限资源，结合户外广告、消费者推广和网络推广等多种推广方式，实现多角度整合和协同操作，以达到最佳的互补关系、沟通效果和推广效果，从而使营销效益最大化。

对于参与休闲农业活动的游客来说，除了体验本身，相关的教育和学习训练也可能是他们所期待的一部分。因此，在推广组合规划时，除了要考虑产品特性、市场状况、顾客需求、预算限制、营销组合策略和环境因素等要素外，还应特别关注活动的独特属性和提供的内容，以及游客的学习需求和休闲价值观，满足他们的核心需求。

四、休闲农业市场营销渠道

休闲农业园区的旅游市场营销渠道涉及一系列的企业组织和个人，它们共同协作，将园区的产品传递给顾客。在营销策略中，渠道的作用是将旅游者引导至园区。目前，我国许多园区的旅游产品在营销渠道建设上存在不足，这阻碍了它们的长期发展。因此，休闲农业园区需要构建多维度、立体化的营销渠道模式，以促进产品的有效推广和对游客的吸引。这包括直销、合作伙伴、在线平台、旅行社等多种渠道，以确保园区能够触及更广泛的潜在顾客群体。

（一）广告宣传

利用互联网、报纸、杂志、电视和广播等大众媒体进行宣传推介，是提高旅游产品知名度的有效手段。通过这些渠道，可以广泛地触及目标受众，展示旅游产品的特色和优势，吸引潜在游客的兴趣。同时，这也有助于塑造积极的旅游形象，增强公众对休闲农业园区的认识。

（二）展销会、交易会推介

建立旅行批发商和零售商、媒体及顾客之间的合作关系，对于宣传旅游形象、提高知名度和寻找合作伙伴至关重要。通过这些合作，可以更有效地推广休闲农业园区的旅游产品，吸引更多游客，从而促进园区的长远发展。

（三）旅游节庆活动

举办主题活动和节庆活动是提升休闲农业园区知名度、吸引客源、实现可持续发展的有效策略。以下是具体的实施建议。

1. 选择时机：在旅游旺季或具有特殊意义的时间点举办活动，以吸引更多游客。

2. 主题活动：策划与园区特色相符的主题活动，如"丰收节""花卉节"等，以增加活动的吸引力。

3. 文化创意：结合当地文化特色，精心设计活动内容，使活动具有独特性和创意性。

4. 四季旅游：细化不同季节的旅游产品，尤其是春秋两季，确保全年都有吸引人的活动。

5. 市场化运作：按照市场需求规划和推广活动，逐步扩大活动的规模和影响力。

6. 促销策划：推出系列促销活动，如优惠券、打折活动等，以吸引游客。

7. 形象提升：通过活动提升园区形象，增加品牌价值。

8. 特色促销：根据不同休闲农庄（园区）的特点，设计具有特色的促销活动，以满足不同游客的需求。

（四）口碑营销

利用游客的正面口碑来传递信息是一种非常有效的营销手段。休闲农业产品由于具有以下特点，口碑传播显得尤为重要。一是空间上的不可转移性：产品与特定地点紧密相关，无法移动到其他地方。二是生产与消费的时空统一性：产品在生产的同时被消费，消费者需要到现场体验。三是时间上的不可储存性：产品往往与特定时间相关，无法长期保存。

由于这些特性，游客在作出购买决策前无法通过试用来了解产品，只能通过亲身体验来评价。因此，口碑传播成为关键因素。

1. 真实性：与广告和销售人员的宣传相比，口碑传播更真实可信，因为它来自游客的亲身体验。

2. 一对一交流：口碑传播通常是游客之间或熟人之间的直接交流，这种一对一的信息传递更具有说服力。

3. 预示感受：游客对产品的评价可以预示其他消费者在体验产品后的感受，从而影响他们的购买决策。

因此，休闲农业园区应该注重提供高质量的产品和服务，以激发游客的正面口碑，并通过社交媒体、在线评论等渠道来扩大这种口碑的传播。同时，园区也可以鼓励游客分享他们的体验，以此来吸引更多的潜在客户。

（五）互联网营销

以下是有效利用互联网宣传旅游整体形象的一些具体的实施策略。

1. 建立官方网站：创建一个内容丰富、设计吸引人的官方网站，展示园区的旅游产品、服务、创意精品和伴手礼等。

2. 社交媒体营销：在微博、微信、抖音、小红书等社交媒体平台上发布园区的美景、活动和优惠信息。

3. 内容营销：定期更新博客文章、视频和图片，介绍园区的特色和游客的体验故事。

4. 搜索引擎优化：优化网站内容，提高在搜索引擎中的排名，吸引更多潜在游客。

5. 在线广告：在目标群体常用的网站和平台上投放广告，提高曝光率。

6. 论坛和社区：在公众关注度高的论坛和社区发布园区的宣传信息和最新动态，尤其是针对中青年及学生群体。

7. 合作推广：与旅游网站、博客和在线旅行社合作，扩大宣传范围。

8. 互动活动：举办在线互动活动，如摄影比赛、问答游戏等，增加用户参与度。

9. 电子邮件营销：通过电子邮件，向订阅者发送最新资讯和特别优惠。

10. 监测与分析：使用网络分析工具监测宣传效果，根据数据调整宣传策略。

通过这些方法，可以不断扩大互联网上的宣传覆盖面，吸引更多中青年及学生群体的关注，从而提升园区的知名度和吸引力。

（六）产品营销

产品营销是将产品推向市场的过程。为了提升休闲农业的吸引力和竞争力，以下是一些具体的策略。

1. 研发特色商品：加快研发具有地方特色的休闲农业产品和纪念品，如手工艺品、特色食品等。

2. 推进农产品进城：实施果进篮、花进城、农副产品进城工程，将新鲜的农产品直接带给城市消费者。

3. 提升产品形象：通过精美的包装和品牌建设，提升地方农产品的形象和市场附加值。

4. 扶持农产品加工企业：支持和扶持一批有特色的农产品加工企业，提高产品的质量和多样性。

5. 规范购物环境：培养一批诚信规范的购物商店，为游客提供良好的购物体验。

6. 建立销售体系：形成一套完整的休闲农业产品和纪念品的生产销售体系。

7. 促进游客购买：确保游客能够方便地购买到理想的旅游产品。

8. 利用纪念品宣传：游客带回的纪念品本身就是一种有效的宣传方式，可以无形中推广乡村旅游。

通过这些措施，不仅可以丰富休闲农业与乡村旅游的内涵，还能增加游客的满意度和忠诚度，同时带动地方经济的发展。

第四节　休闲农业的安全管理与环境管理

一、休闲农业的安全管理

安全管理在休闲农业园区和乡村旅游景点的运营中扮演着至关重要的角色，它包括饮食安全和日常生产经营安全两个主要方面。通过有效的安全管理，不仅可以保障游客的安全与舒适，还能减少投诉和纠纷，进而实现成本节约和效率提升。

（一）饮食安全管理

1. 餐饮安全。

休闲农业中的餐饮安全是保障游客健康和提升服务质量的重要因素。一是确保食品来源的安全性，选择信誉良好的供应商，并定期检查食品质量。二是餐饮场所的卫生条件必须符合标准，包括厨房、餐具和就餐区域的清洁消毒工作。三是从业人员必须持有健康证明，并接受食品安全培训，确保他们了解并遵守食品安全操作规程。对于食品的储存和加工，要遵循正确的温度控制和处理方法，防止食物变质和交叉污染。四是在服务过程中，提供清晰的食品信息，如过敏原等提示，确保顾客了解他们所食用的食品成分。一旦发现食品安全问题，应立即采取措施，如召回问题食品、调查原因并改进等。通过这些措施，休闲农业可以有效解决餐饮安全问题，为游客提供安全、卫生、健康的餐饮服务，从而提升游客的整体体验和满意度。

2. 卫生标准。

休闲农业中的卫生标准是确保游客健康和提升服务品质的关键因素。一是制定卫生操作规程并严格遵守，包括定期对农庄、住宿设施、餐饮区域和洗手间等进行清洁和消毒。二是从业人员必须持有有效的健康证明，并定期接受个人卫生和食品安全培训，以确保他们了解并执行正确的卫生措施。三是要确保使用的所有农产品和食品都符合卫生安全标准。四是对于废物处理，应建立有效的垃圾分类和回收系统，及时清理，防止害虫滋生。五是通过标识和宣传材料提醒游客注意个人卫生，如勤洗手、不乱扔垃圾等。六是对于突发的卫生事件，如食物中毒或疫情，应有应急预案，确保能够迅速有效地应对。通过这些措施，休闲农业可以维护高标准的卫生环境，保障游客的健康安全，同时提升整体的服务质量和游客满意度。

（二）农牧产品安全管理

1. 绿色生产。

休闲农业中的绿色生产是指采用环保、可持续的农业生产方式提高农产品质量和安全性，以减少对环境负面影响的一种综合措施。一是选择对环境友好的种植和养殖方法，比如使用有机肥料代替化学肥料，采用生物防治代替化学农药，以及实施轮作和间作制度来保持土壤肥力和生态平衡。二是应合理利用和保护水资源，避免浪费和污染。三是要注重生态保护，比如保护农田周围的自然植被，为野生动植物提供栖息地；采取措施减少农业活动对周围生态系统的干扰。四是在能源使用方面，采用太阳能、风能等可再生能源，减少化石燃料的使用，降低温室气体排放。五是对于废弃物的处理，应实施循环利用和减量化策略，比如将农业废弃物转化为肥料或能源。六是加强绿色生产知识的普及和教育，提高从业人员和游客的环保意识。通过这些措施，休闲农业可以实现绿色生产，不仅提升农产品的市场竞争力，也为游客提供健康、安全的食品，同时促进农业的可持续发展。

2. 养殖管理。

休闲农业中的养殖活动需要注意动物福利、环境保护和生物安全等方面。一是确保养殖环境符合动物福利标准，为其提供适宜的栖息地、充足的食物和清洁的水源，避免过度拥挤和不当的饲养条件。二是养殖活动应遵守环境保护法规，减少对土壤、水源和空气质量的负面影响，比如合理规划养殖场地、采用生态循环系统和控制废物排放等。三是要重视疾病预防与控制，加强对动物的健康检查工作，及时对疾病进行诊断和治疗，避免疾病扩散和蔓延，必要时采取隔离措施。

四是养殖过程中应遵循可持续原则，比如选择适应当地环境的动物种类，避免引入外来物种，减少对当地生态系统的干扰。对于养殖废物的处理，应采取科学的管理方法，如堆肥化、能源化利用，实现资源的循环利用。通过这些措施，休闲农业中的养殖活动不仅能够保障动物的健康和福利，还能促进环境的可持续发展，为游客提供亲近自然和了解农牧业的机会，同时也为农场带来经济效益。

（三）日常生产经营安全管理

1. 日常安全管理。

休闲农业经营主要负责人严格履行安全生产法定职责，围绕休闲农业用水用电用气、消防设施设备、游乐及安全保护装置、住宿餐饮卫生安全等日常经营问题，梳理风险点，做好安全隐患排查整改，落实从业人员安全生产岗位责任，完善安全生产防控措施和事故处置流程等，定期组织从业人员培训，提升服务技能，强化突发事故应急能力，在重点部位设立消防、救援等设施，对设施定期检查维护。

2. 设施维护。

休闲农业中的设施维护活动需要注意确保设施的安全性、功能性和美观性，以提供良好的游客体验并延长设施的使用寿命。一是定期检查所有设施的状况，包括建筑物、游乐设施、道路和标识系统等，及时发现并修复损坏或磨损的部分。二是制订和执行一套维护计划，包括清洁、保养和更新，以保持设施的最优状态。三是确保所有维护工作符合安全标准和法规要求，避免因维护不当造成安全隐患。在维护过程中，采用环保材料和方法，减少对环境的影响。对于游客频繁使用的区域，如休息区和洗手间，应加强清洁和消毒工作，确保卫生条件。在必要时，对设施进行升级改造，一则满足游客的需求，二则跟上行业发展的趋势。需要注意的是：在危险区域或使用危险工具时，工作人员应提供口头提醒或设置明显的警示标识。通过这些措施，休闲农业可以有效地解决设施维护中的问题，提供一个安全、舒适和吸引人的环境，增强游客的满意度和忠诚度。

3. 纠纷处理。

休闲农业中的各种纠纷可能涉及游客满意度、合同履行、财产损害、劳动关系等方面。一是要确保有明确的服务标准和合同条款，以便在发生纠纷时有据可依。二是建立有效的沟通机制，鼓励游客、员工和其他利益相关者在问题出现时及时提出，通过对话和协商寻求解决方案。三是制定应急预案和纠纷处理流程，包括投诉处理、损害赔偿和法律咨询等，以便快速响应并妥善处理各类纠纷。四是加强员工培训，提高他们的服务意识和解决问题的能力，预防和减少纠纷的发生。五是对于复杂的法律问题，可以寻求专业法律顾问的帮助，确保处理方式合法合规。通过这些措施，休闲农业可以有效地预防和解决纠纷，保护各方的合法权益，维护良好的经营秩序和声誉。

二、休闲农业的环境管理

对自然环境的管理是休闲农业园区和乡村旅游景点可持续发展的关键。以下是具体的管理措施。

（一）保护生态环境

休闲农业中的生态保护需要注意维护生物多样性、保护自然资源和减少环境污染。一是要避免对自然生态系统的破坏，比如不破坏当地植被，不引入外来入侵物种。二是合理规划土地使用，避免过度开发，保护农田周围的自然景观和野生动植物栖息地。三是采用可持续的农业实践，如有机耕作、自然农法和生态循环农业，减少化肥和农药的使用，以降低对环境的负面影响。四是加强水资源管理，合理利用和保护水资源，避免水体污染。五是在能源使用方面，优先考虑使用清洁能源，如太阳能和风能，减少化石燃料的消耗。六是对于农业废弃物，应采取循环利用和堆肥化处理，减少垃圾的产生和填埋。七是加强对游客的环保教育，提高他们的环保意识，鼓励他们参与生态保护活动。通过这些措施，休闲农业可以在提供休闲体验的同时，有效保护生态环境，实现农业的可持续发展。

（二）控制城市化和工业化影响

休闲农业在控制城市化和工业化影响方面需要注意保持农业的自然本色和乡村特色，避免过度商业化和破坏环境。一是应制定合理的规划，限制非农业用途的土地开发，保护农田和自然景观不受城市扩张的侵蚀。二是通过立法和政策引导，控制工业污染，确保农业区域的水质和空气质量不受周边工业活动的影响。三是推广生态农业和有机农业，减少化学肥料和农药的使用，保护土壤健康和生物多样性。四是加强对游客的教育，提高他们保护农业文化遗产和生态环境的意识，鼓励他们参与环保活动。五是在城市化压力较大的地区，可以通过建立农业保护区或绿色缓冲带，保护农业用地不受城市化侵蚀。通过这些措施，休闲农业可以在城市化和工业化的背景下，保持其独特的价值和魅力，为人们提供一个亲近自然、体验传统农业文化的场所，同时促进农业的可持续发展。

（三）保持空气质量

休闲农业中保持空气质量的关键在于减少污染源和增强环境的自净能力。一是应避免使用会释放有害气体的化学品，比如减少化学肥料和农药的使用，转而采用有机肥料和生物防治方法。二是加强农场内部交通管理，限制或减少高排放车辆的使用，鼓励使用清洁能源交通工具。三是合理规划休闲农业区域的植被覆盖，增加绿化面积，利用植物的光合作用来吸收二氧化碳并释放氧气，改善空气质量。还可以通过建立隔离带，比如种植树木和灌木丛，减少来自外部环境的污染。四是加强对游客和工作人员的环保教育，提高他们对空气质量保护的意识。对于已经受到污染的区域，可以采取净化措施，如设置空气净化设备或进行生态修复。通过这些综合措施，休闲农业可以有效地保持和提升空气质量，为游客提供一个清新、健康的休闲环境。

（四）增强环境意识

休闲农业中增强环境意识需要从提升认识、实践行动和教育推广三个方面着手。一是提升认识意味着要让农场经营者、员工及游客都明白环境保护的重要性，理解休闲农业与自然生态的密切联系。二是实践行动包括采取具体措施，如实施节能减排、使用环保材料、推广有机农业、合理利用资源和减少废物产生等。农场经营者应制定和执行环保政策，确保日常运营中的每一个环节都符合环保标准。三是通过举办环保主题活动、设置教育展示牌、发放宣传资料等方式，向游客普及环保知识，鼓励他们参与环境保护的实际行动中来。通过这些措施，休闲农业不仅能够为游客提供一个优质的休闲环境，还能促进可持续发展的理念深入人心，共同构建和谐的生态环境。

（五）加强环境管理

休闲农业中的加强环境管理需要制定和执行环保政策、监测环境质量、合理规划资源利用以及提升员工和游客的环保意识。一是制定一套全面的环境保护政策和操作规程，确保休闲农业活动不会对自然环境造成破坏。二是定期监测空气质量、水质和土壤状况，及时发现并解决可能的污染问题。三是合理规划资源使用，如水资源和能源资源，推广节水节能措施，减少资源浪费。四是注重员工的环保培训，确保他们了解并执行环保措施。五是通过宣传教育提高游客的环保意识，鼓励他们参与环保活动，如践行垃圾分类和减少使用一次性产品。六是建立环境管理的长效机制，包括监督、评估和持续改进，确保环境管理措施得到有效执行并能够适应环境变化。通过这些措施，休闲农业可以在保护和改善环境质量的同时，促进可持续发展。

（六）环境教育

休闲农业中的环境教育需要注意将教育内容与实际农业活动紧密结合，确保教育活动既有趣又具有实际意义。一是要设计互动性强、参与性高的教育项目，如农耕体验、生态导览和环保工作坊，让游客在亲身体验中学习环保知识。二是利用休闲农业的自然资源，如田野、果园和湿地，作为户外教室，让游客直接接触和了解生态系统。三是培训专业的环境教育人员，使他们用生动有趣的方式向游客传达环保理念和知识。四是开发适合不同年龄段的教育材料和课程，满足不同游客的学习需求。还可以与学校和教育机构合作，将环境教育纳入学校的教学计划中，扩大环境教育的影响力。五是定期收集反馈，评估教育活动的效果，并根据反馈进行调整和优化。通过这些措施，休闲农业可以有效地进行环境教育，提高公众的环保意识，促进可持续发展的理念在社会中的普及。

（七）环境监测

休闲农业中的环境监测需要注意确保监测的全面性、准确性和持续性。一是建立一个全面的监测体系，覆盖空气质量、水质、土壤状况以及生物多样性等多个方面。二是采用精确的监测工具和科学的监测方法，定期收集监测数据，确保监测结果的准确性。同时，监测工作应该是持续的，以便及时发现环境变化并采取相应措施。对于监测到的问题，应立即分析原因并制定解决方案，比如改进农业操作、减少污染源或恢复受损生态系统。三是加强与环保机构的合作，获取专业指导和技术支持。四是提高员工和游客的环保意识，鼓励他们参与环境监测和保护中来。通过这些措施，休闲农业可以有效地进行环境监测，及时发现并解决环境问题，保障农业活动的可持续发展。

以上措施可以确保休闲农业园区和乡村旅游景点的自然环境得到有效保护，为游客提供一个清洁、健康、和谐的旅游环境。同时，也有助于提升园区的形象，吸引更多游客，促进当地经济的发展。

第五节　休闲农业的人员培训

一、休闲农业人员管理

在传统农业向休闲观光农业转型的过程中，员工的管理是一个关键问题。以下是具体的策略和措施。

（一）员工心理调整

休闲农业中的员工心理调整需要注意识别和解决员工的压力源，提供积极的工作环境，以促进员工的心理健康和工作满意度。一是要通过定期沟通了解员工的工作状态和心理需求，识别可能导致压力和不满的因素。二是为员工提供专业的心理辅导和培训，帮助他们学习压力管理技巧和情绪调节方法。三是建立公平、透明的管理制度，确保员工感受到尊重和存在价值，从而提高工作积极性。四是鼓励团队合作和正面反馈，创造一个有支持性和包容性的工作环境。还可以通过组织团队建设活动和休闲放松活动，增强员工之间的凝聚力和归属感。五是关注员工的工作与生活平衡，提供灵活的工作安排和足够的休息时间。通过这些措施，帮助员工保持良好的心理状态，提高工作效能，为游客提供更优质的服务。

休闲农业中的外地员工需要尽快转换角色，包括适应新环境、文化融合、职业发展和心理调适等方面。一是要为外地员工提供充分的信息和支持，帮助他们快速了解当地的文化和工作环境，减少文化冲击和适应障碍。二是鼓励外地员工与本地员工交流互动，促进团队融合，消除隔阂，建立良好的工作关系。三是为外地员工提供职业发展的机会和培训，让他们看到个人成长和晋升的可能性，增强工作动力。四是关注外地员工的心理健康，提供心理辅导和支持，帮助他们应对思乡之情和生活压力。还可以通过组织社交活动和文化体验活动，让外地员工更好地融入当地社区。五是建立健全激励和福利制度，确保外地员工的权益得到保障，提高他们的工作满意度和忠诚度。通过这些措施，可以帮助外地员工顺利实现角色转换，更好地融入休闲农业的工作环境中。

（二）专业培训

1. 加强乡土文化知识的培训。

休闲农业中，加强乡土文化知识的培训需要注意确保培训内容的准确性、培训方式的多样性和培训效果的持续性。一是培训内容应反映当地的历史文化、风俗习惯和农业知识，确保员工能够准确理解和传达乡土文化的独特价值。二是采用互动式、案例分析和实地考察等多样化的培训方式，提高员工的学习兴趣和参与度，增强培训的实效性。三是建立可持续的培训机制，定期更新培训内容，鼓励员工不断学习和成长，形成学习乡土文化的长效机制。四是鼓励员工将所学知识应用到实际工作中，如在向游客介绍时融入乡土文化元素，提升服务质量和游客体验。还可以通过组织文化节庆活动、展览和讲座等形式，向游客传播乡土文化，增强休闲农业的文化吸引力。通过这些措施，可以有效地加强员工对乡土文化的了解和传承，提升休闲农业的文化品质和竞争力。

2. 强化规范化和标准化服务技能的培训。

休闲农业中强化规范化和标准化服务技能的培训，一是明确培训目标，确保培训内容与休闲农业的服务标准和游客需求相匹配。二是制订详细的培训计划，包括服务礼仪、沟通技巧、问题解决和应急处理等，以提升员工的专业服务能力。三是采用实践和理论相结合的培训方法，通过角色扮演、模拟服务场景和案例分析，增强员工的实际操作能力。四是定期评估培训效果，通过考核和反馈机制，持续优化培训内容和方法。同时，鼓励员工之间的交流和分享，形成学习型团队，共同提升服务水平。五是建立激励机制，对表现优秀的员工给予奖励和认可，提高员工参与培训的积极性。通过这些措施，可以有效地提升员工的服务技能，确保员工可以提供规范化和标准化的服务，增强游客的满意度和忠诚度。

3. 加强民俗风情的专业培训。

休闲农业中加强民俗风情的专业培训，确保培训内容的深度与广度、培训方式的互动性与实践性，以及培训效果的持续性与实效性。首先，培训内容应深入挖掘当地的民俗文化，涵盖历史背景、传统习俗、民间艺术等多个方面，确保员工能够全面了解并准确传达。其次，采用互动式和参与式的培训方法，如民俗体验活动、文化工作坊、实地考察等,提高员工的学习兴趣和参与度。再次,定期组织考核和评估,检验员工对民俗知识的掌握程度,并根据反馈调整培训内容。

（三）管理者培训

对休闲农业园区和乡村旅游景点的决策者、组织者、经营者,进行必要的知识、专业技能、管理技能、职业道德、礼仪等方面的培训。

（四）临时工培训

针对休闲农业与乡村旅游的时间特点,提前对假日期间的临时工进行职业道德、仪容仪表、礼仪、岗位技能的培训,以满足游客的服务需求。

通过这些措施,可以确保员工能够适应休闲观光农业的要求,提供高质量的服务,同时促进园区和景点的可持续发展。

二、休闲农业导游

（一）导游人员的职责

1.导游讲解:负责休闲观光旅游景区、景点的讲解,解答游客的问询。

2.安全提示:提醒游客在参观游览过程中注意安全,并给予必要的协助。

3.保护教育:结合景物向游客宣传环境、生态和文物保护知识。

（二）导游人员的基本素质

一名合格的导游人员应具备如下基本素质。

1.良好的思想品德。

（1）热爱祖国,热爱家乡。当导游人员对自己的祖国和家乡充满热爱时,他们的讲解会充满激情。这种情感的力量能够深深打动游客,使游客感受到导游的热情和这片土地的魅力。游客通过导游的介绍、行为和举止，能够更加深入地了解和感受当地的文化、历史以及企业的精神。导游的热情和专业，是连接游客与当地文化的桥梁，能让每一次旅行都成为一次心灵的交流和文化的体验。

（2）优秀的道德品质。导游人员应具备优秀的道德品质，关心企业，以热情周到的服务迎接国内外游客。

（3）热爱本职工作，尽职尽责。导游人员的良好品德体现在对导游工作的热爱和高度责任感上。导游工作不仅是服务性行业，更是传播文化和促进友谊的重要途径。在为来自各地的游客提供服务的过程中，导游不仅能结交朋友，还能拓宽视野，增长见识。因此，导游人员应对自己的职业感到自豪，并树立远大理想，将个人抱负与事业发展相结合，全身心投入到工作中，不断提升业务能力，为游客提供热情、专业的导游服务。

（4）高尚的情操。这是导游人员职业修养的重要组成部分。导游人员需要不断学习，提升自我。应具备辨别是非、善恶、荣辱的能力，并培养自我控制力，以抵御不良诱惑，保持清正廉洁。应坚守原则，不为物质利益所动摇，始终保持高尚的职业情操。

（5）遵纪守法。导游人员应树立强烈的法治意识，自觉遵循法律法规和内部制度，严格执行导游服务的质量标准，保守国家机密和商业机密，坚定维护国家和企业的利益。

2. 渊博的知识。

（1）语言知识。导游讲解是一种融合了丰富知识的综合性口语艺术。导游人员需要具备出色的口语表达能力，同时将这种能力建立在扎实的专业知识基础之上。知识是培育口语艺术的土壤，而口语技巧则是播下的种子，只有二者结合，才能带来良好的导游效果。

（2）史地文化知识。导游人员应掌握包括历史、地理、风俗、风物特产、文学艺术、古建筑等多方面的史地文化知识，这些知识构成了导游讲解的丰富素材。他们不仅要深入了解园区的特色，还要能够巧妙地将本地的风景名胜、名人逸事等元素融合在一起，为游客提供生动、有趣的讲解。

（3）政策法规知识。导游人员在进行导游讲解、回答游客咨询或与游客讨论问题时，应以国家方针政策和法律法规为指导。在处理旅游过程中的各种问题时，导游人员需准确理解并恰当运用国家政策和相关法规。同时，导游人员的言谈举止也必须严格遵守国家的政策法规，做到遵纪守法。

（4）心理学和美学知识。导游人员面对的是多样化的游客群体，他们的工作本质上是与人交往。因此，掌握心理学知识对导游人员来说尤为重要。导游人员需要洞察游客的心理需求，提供有针对性的导游讲解和心理服务，以确保游客在心理和精神层面都能获得满足和享受。实践表明，提供心理层面的服务对游客的整体体验至关重要。

旅游活动本身是一种审美过程。导游人员不仅要传授知识，还要传递美的体验，帮助游客发现和感受美。一名合格的导游人员应该具备美学意识，能够识别美的存在，并用富有感染力的语言向游客介绍美。同时，导游人员还应运用美学原则来规范自己的仪表和举止，以身作则，为游客提供更加美好的旅游体验。

3. 较强的独立工作能力和协调应变能力。

导游人员面对的游客类型多样，旅游活动本身也充满变化，遇到的问题和情况各异。这要求导游人员不能一成不变地工作，而应根据具体的时间和环境条件灵活采取合适的措施，妥善解决问题。

（1）较强的沟通能力。导游人员需具备广泛的人际交往能力，善于与有各种背景和性格的人士沟通。应掌握公关知识并能灵活运用，具备灵活性、理解力和适应力，能够随机应变地处理问题，维护良好的人际关系。

导游工作性质特殊，涉及复杂的人际关系，要求导游人员性格活泼、外向，精力充沛，情绪积极、热情、诚恳、幽默，能够解决问题并赢得他人的信任和依赖。对于性格较为内向的导游人员，应在实践中不断自我提升，培养处理人际关系的能力。

（2）独立分析、解决问题、处理事故的能力。沉着分析、果断决策、正确处理意外事故是导游人员最重要的能力之一。游客在园区活动中发生意外事故在所难免，能否妥善处理事故是对导游人员的一种严峻考验。临危不惧、头脑清醒、遇事不乱、处理果断、积极主动、随机应变是导游人员处理意外事故时应具备的能力。

4. 较高的导游技能。

导游服务要求导游人员具备多方面的智力技能和人际交往能力。需要能够与游客建立伙伴关系，共同创造愉快的旅游体验。根据旅游计划和实际情况，导游人员应巧妙安排参观活动，选择最佳旅游点和线路，组织活动，进行生动精彩的讲解，灵活回答问题，帮助游客了解目的地，在遇到意外时沉着应对。

语言能力、知识储备和服务技能是构成导游服务的三个基本要素，三者缺一不可。只有这三者的完美结合，才能提供高质量的导游服务。导游人员如果缺乏必要的知识储备，就难以提供有效的服务；而语言表达能力和导游技巧，将直接影响讲解的效果，从而影响游客的旅游体验。

优秀的导游人员能够根据不同游客的需求，从不同角度进行讲解，满足不同层次和审美情趣的游客。导游人员的服务技能与其工作能力和知识掌握程度密切相关，需要在实践中不断培养和积累。一个人的能力在掌握知识和技能的过程中形成，而发展能力又能促进更快、更好地掌握和运用知识和技能。因此，导游人员应在丰富知识的基础上，不断学习和提炼导游方法和技巧，形成具有个人特色的导游风格。

5. 身心健康。

导游工作是一项既需要脑力劳动又需要体力劳动的职业，工作内容繁杂，涉及面广，对体力有较大消耗。因此，导游人员必须具备良好的身体素质，这包括身体健康、心理平衡、思维清晰和思想健康四个方面，以确保能够胜任并有效地完成工作。

（1）身体健康：能够承受长时间行走、爬山等体力活动，以及连续不断的工作。

（2）心理健康：保持积极乐观的心态，面对游客时展现出良好的精神状态，快速进入角色并保持稳定，不让外界因素影响自己的情绪，始终以微笑面对游客，不将负面情绪带入工作。

（3）思维清晰：在旅游过程中保持清醒和冷静，处理问题时有条不紊，对待各种关系机智灵活，面对突发事件和游客投诉时果断有效，确保处理方式合情、合理、合法。

（4）思想健康：具有高尚的情操和自控力，能够抵制各种诱惑，保持思想的纯洁性。

总体而言，一名合格的导游人员应当精干、老练、果断、坚定，工作态度积极、耐心，善于关心和体谅他人，具有幽默感，并且具备高超的导游技能。

6. 仪容仪表。

导游人员的仪容仪表包括容貌、姿态和着装，是其精神面貌的直接体现。这不仅与个人的道德、修养、文化水平、审美情趣和文明程度紧密相关，也反映了对游客的尊重和自身的修养水平。导游人员应保持与行业特点和企业形象相符的仪容仪表。

（1）仪容要求：导游人员的容貌修饰应得体，与其工作岗位、身份、年龄和性别相称，避免引起游客的不适。

（2）仪表要求：导游人员的服饰应整洁端庄，与环境和场所相协调，不过分华丽，适宜于开展工作。

（3）仪态要求：导游人员应展现出端庄稳重、大方得体的举止，无论是站立还是坐下，都应保持适当的姿势，避免给游客留下傲慢或轻浮的印象。

尽管仪容、仪表和仪态反映的是导游人员的外在特征，但它们实际上是其内在素质的反映，与思想修养、道德品质和文明程度紧密相连。

（三）导游服务技能

导游服务技能包括导游人员运用知识和经验来服务游客的各种方法和能力。随着不断的学习和实践，导游人员能够不断拓展他们的知识面，深化理解，积累更丰富的实践经验，从而使服务方式多样化，提升服务能力。正如"熟能生巧"所表达的，通过持续的实践、深思熟虑、勤奋学习以及经验积累，导游人员不仅能够提升现有的服务技能，还能够创新和开发新的服务技能。

1. 导游人员的语言技能。

导游语言，不仅是导游与游客沟通的桥梁，也是传递知识、文化和情感的重要工具。导游语言应当能够精确、生动地传达信息和情感，能够通过语言让游客感受到景点的活力和文化魅力，能够使表达流畅、自然。

导游语言的运用直接影响导游服务的质量，导游人员的语言能力越强，越能够吸引游客，使他们获得深刻而愉悦的旅游体验。导游人员能够通过语言的力量，让静态的自然景观和文物古迹变得生动，让传统工艺迸发活力，从而增强游客的旅游兴趣，留下难忘的印象。

因此，导游人员需要不断练习和提高自己的语言技能，从而提供更高质量的服务，满足游客的期待和需求。

导游语言的原则和要素是确保导游服务质量的关键。同时，导游语言的语音、语调和节奏直接影响游客的审美体验和整体感受。

（1）导游语言的四原则。

正确性：确保语音、语调、语法和用词规范，内容准确、有根据，避免发生错误信息。

清晰性：口齿清晰，语言简洁明了，逻辑性强，确保信息易于理解。

生动性：使用形象化、幽默诙谐的语言，创造美的意境，提高讲解的吸引力。

灵活性：根据游客的文化背景和个人特点调整讲解方式，满足不同游客的需求。

（2）导游语言的八要素。

言之有物：讲解内容充实，有说服力，避免空洞无物。

言之有据：确保讲解内容真实可信，有确凿依据。

言之有理：讲话合理，以理服人。

言之有情：语言富有情感，亲切温暖。

言之有礼：言语文雅，谦虚敬人。

言之有神：讲解时精神饱满，声音传神。

言之有趣：语言诙谐幽默，活跃气氛。

言之有喻：适当使用比喻，使讲解生动易懂。

（3）导游语言的语音、语调和节奏。

导游语言应具有音乐性，音调高低、强弱和语气的起伏应自然流畅，与内容和气氛相匹配。语调应优美自然，正确且富于变化，有感染力。语言节奏应根据听众的反应和讲解环境进行调整，声音富有感情色彩，适时变化。

导游人员必须高度重视语言的音调和节奏，因为它们直接影响游客的审美体验和整体感受。通过精心设计和运用导游语言，导游人员可以有效地传达信息，激发游客的兴趣，提升旅游体验的质量。

2. 导游讲解的原则。

导游讲解技能是导游人员在丰富多样的社会生活和自然美景中，根据游客的不同兴趣和审美情趣，整理、加工和提炼知识，用简洁明快的语言进行再创造的能力。导游讲解应遵循以下原则。

（1）以客观现实为依托：确保讲解内容基于客观存在的事实，无论是有形的自然景观还是无形的社会文化。

（2）针对性原则：根据游客的不同背景和需求，提供个性化的讲解服务。

（3）灵活性原则：讲解内容和方式应根据游客的反应、时间和地点灵活调整。

3.常见的导游讲解方法。

（1）分段讲解法：将景点分为若干部分，逐步引导游客了解和欣赏。

（2）突出重点法：在众多讲解内容中，突出某一重点，避免面面俱到。

（3）突出游客感兴趣的内容：针对游客的兴趣点进行深入讲解。

（4）生情法：利用景物激发情感，使讲解生动有趣，引导游客产生联想。

（5）虚实结合法：结合实际景观和相关的故事传说，增加讲解的吸引力。

（6）问答法：通过提问和回答，激发游客的参与感和兴趣。

（7）自问自答法：导游提出问题并作答，吸引游客注意力。

（8）我问客答法：导游提问，鼓励游客参与回答。

（9）客问我答法：鼓励游客提问，导游解答，增强互动。

（10）制造悬念法：提出引人入胜的话题或问题，激发游客的好奇心。

（11）画龙点睛法：用简练的语言总结景点精华，给游客留下深刻印象。

导游人员应根据实际情况灵活运用这些方法和技巧，以提高导游讲解的效果，增强游客的旅游体验。通过创造性劳动，可以使自己的讲解具有独特魅力，满足游客的多样化需求。

4.园区的导游与讲解。

在面对园区规模有限，而客流量较大的实际情况，尤其是五一、十一黄金周等旅游高峰期，导游人员需要巧妙安排参观路线，以确保游客能够获得高质量的旅游体验。

（1）合理安排参观时间：根据园区的开放时间和游客的到达时间，合理规划游览顺序，避免高峰时段的拥堵。

（2）优化参观路线：设计一条能够最大化覆盖景点且避免重复路线的参观路径，减少游客的步行距离和时间。

（3）由此及彼地延伸：对于内容较为单一的景点，导游可以通过讲解与之相关的历史、文化、自然等信息，进行合理延伸，丰富游客的体验。

（4）留出摄像时间：认识到摄像记录对游客的重要性，在行程中安排专门的摄影时间，让游客有机会记录下美好瞬间。

（5）灵活调整：根据实际情况，如游客的需求、天气状况、园区的实时人流等，灵活调整参观路线和时间。

（6）讲解与自由活动结合：在导游讲解结束后，给予游客一定的自由活动时间，以便他们可以更深入地探索景点或进行摄影。

（7）安全考虑：在安排路线时，确保游客的安全，避免拥挤和潜在的危险区域。

（8）信息提供：向游客提供最佳摄影点、园区地图、注意事项等信息，帮助他们更好地规划自己的参观和摄影活动。

通过这些细致周到的安排，导游人员可以帮助游客在有限的时间内获得更加丰富和满意的旅游体验，同时也确保了旅游活动的顺利进行。

第五章 休闲农业的财务管理

在休闲农业经营中，货币作为一种计量和交换的工具，在资源配置、投资决策、成本控制和收益分析等方面起着至关重要的作用。以下是一些关键点。

资源评估：对休闲农业所涉及的各种财产、债权和其他权利进行货币评估，以确定其经济价值。

预算管理：制定详细的财务预算，包括成本预算、收入预算和利润预算，确保经营活动的财务健康。

投资决策：利用货币形式对潜在的投资项目进行财务分析，评估投资回报率和风险，作出明智的投资决策。

成本控制：通过货币计量监控各项成本，采取有效措施控制不必要的支出，提高成本效益。

收入管理：监控和管理门票、餐饮、住宿、娱乐等各项收入来源，优化收入结构。

财务报告：定期编制财务报告，包括资产负债表、利润表和现金流量表，以便于了解企业的财务状况。

风险管理：通过货币形式评估经营风险，制定相应的风险管理策略和应急预案。

市场定价：根据市场调研和成本分析，制定合理的服务和产品定价策略。

资本运作：利用货币工具进行资本运作，包括融资、投资和资产重组等，以支持休闲农业企业的持续发展。

通过这些措施，休闲农业企业可以加强经营活动的综合管理，提高经济效益，促进可持续发展。

第一节　休闲农业财务管理的目标和原则

休闲农业的经营，财务管理十分重要，它对资源配置、投资决策、成本控制和收益分析等方面起着至关重要的作用。

一、财务管理的任务

1.筹资决策与资金供应：预测资金需求，参与筹资决策，确保资金供应的及时性，降低成本和风险。

2.投资可行性研究：分析投资决策因素，进行科学的可行性分析，降低投资风险。

3.资金使用效率：合理使用资金，提高资金使用效率，节约开支，加强资产管理。

4.财务成果分配：在兼顾各方利益的前提下，进行利润分配，处理好与国家、投资者、经营者、员工的关系。

5.财务监督与信息提供：通过财务监督，提供准确的经济信息，支持经营决策和业务开展。

二、财务管理的目标

1.财务成果最大化：充分利用资源，提高资源使用效果，合理安排资本运营，降低成本，减少损失。

2.财务状况自由化：通过资产、负债、所有者权益的管理，确保良好的财务状况。

三、财务管理的内容

1.资产管理：涵盖货币资金、结算资金、存货、固定资产等的管理。

2.资金运营管理：涉及筹集资金和投资运营的管理。

3.成本费用与收入利润管理：包括成本控制、收入管理和利润分配。

4.财务报表管理：通过财务报表进行业务考核、分析和评价。

四、财务管理原则

1.真实、准确、完整、及时记录和反映经济活动，提供决策依据。

2.遵循会计一般原则，包括客观性、相关性、可比性等。

3.考虑资金的时间价值，评估资金使用效率。

4.进行保本点分析，检查计划执行情况，衡量经营效益。

第二节 休闲农业的资产管理

休闲农业的资产管理是确保其财务健康和运营效率的关键环节。以下是针对不同类型资产的管理要点概述。

一、货币资金的管理

1.现金管理：确保库存现金符合日常经营需要，限定使用范围，实行收支管理。

2. 银行存款管理：遵守银行账户管理规定，定期与银行对账，确保资金安全。

3. 其他货币资金管理：监督外币存款、银行汇票等资金的收付和结存情况。

二、结算资金管理

应收账款管理：通过信用政策控制，进行信用评估，如5C（资本结构、资产质量、收益水平、现金流、偿还能力）评估法，确保及时收回款项。

三、存货管理

1. 存货范围和成本：明确存货包括的内容和成本构成，如采购成本、储存成本等。

2. 存货资金控制：确定合理的存货数量，进行预算控制和日常监督。

四、固定资产管理

1. 固定资产分类和计价：包括房屋、建筑物、运输工具等的分类和计价，明确其分类和计价方式。

2. 日常管理：建立责任制度，进行定期盘点，维修保养，确保资产完整安全。

3. 折旧管理：合理确定折旧方法和年限，正确计提折旧。

五、无形资产管理

1. 无形资产投资：重视对无形资产，如专利权、商标权的投资和管理。

2. 增加和摊销管理：确定无形资产计价问题，进行有效使用年限的摊销。

3.转让管理：依照法规进行转让，选择适当的时机和方式。

六、递延资产及其他资产管理

1.递延资产管理：确定递延资产数额，按规定分期摊销。

2.其他资产管理：特种储备物资、银行冻结存款等，进行特殊管理和保管。

这些细致的管理措施，能够确保休闲农业与乡村旅游经营组织资产的有效利用和财务管理的规范性，从而支持其长期的运营和发展。

第三节　休闲农业的资金管理

资金是进行生产经营所需要的财产物资价值的货币体现。针对休闲农业的特点，要有足够的资金支持项目的可持续发展，要提高资金的使用效率，更要降低财务风险。

一、筹资管理

休闲农业筹集资金，就是根据生产经营、投资和调整资本结构的需要，通过筹资渠道和资金市场，积极有效地筹措和集中资金。

（一）筹资类型

休闲农业的筹资，根据不同的标准可分为不同的类型。

1.按所筹资金的性质，可分为自有资金和借入资金。自有资金亦称权益资本，是指投资者投入并拥有所有权的那部分资金，包括资本金、资本公积金和留存收益。自有资金筹集的主要方式有国家拨款、联营、发行股票、内部积累等。借入资金亦称债务资本，是指由债权人拥有所有权的那部分资金，包括长期负债和短期负债，各种借款、应付债券、应付票据等。借入资金筹集的方式主要有向银行和其他金融机构的借款，发行债券、融资租赁、商业信用。

2. 按所筹资金的占用时间，分为长期资金和短期资金。长期资金是指使用期限在一年以上的资金，可采用吸收直接投资，发行股票、债券，长期借款融资、租赁等方式来融通。短期资金是指使用期限在一年以内的资金，一般通过短期借款、商业信誉、发行融资券等方式来融通。

3. 按所筹资金的渠道，可分为外部筹资和内部筹资。内部筹资是通过计提折旧而形成的现金和通过留用利润等增加的资金。对于休闲农业园区而言，主要是税后留存利用又未分配给所有者的那部分利润。外部筹资是指在内部筹资不能满足需要时，向外部筹集的资金。外部筹资的方式很多，但通常需要花费筹资费用。应注意筹资效益与成本相配比。

4. 按所筹资金是否以金融机构为媒介，分为直接筹资和间接筹资。直接筹资是直接与资金供应者协商借贷或发行股票、债券等办法筹集资金。这类筹资，资金供求双方借助融资手段直接实现资金的转移，无须银行等金融机构作为媒介。间接筹资是指借助银行等金融机构而进行的筹资活动，银行等金融机构充当媒介作用。

5. 按所筹资金采用的方式，主要分为银行信用、商业信用、证券集资、联营集资、租赁集资、自然融资和留有利润等。

（二）筹资原则

休闲农业应按照事先制定的科学程序进行筹资活动，避免遗漏和盲目性。

1. 正确评估筹资用途。确定筹资的用途是合理筹集资金的先决条件，筹资时必须考虑投资数量、投资收益，以及以何种方式筹资、筹资多少，避免不顾投资效果的盲目投资。

2. 合理确定资金需要量和资金投放时间。资金的筹集应预先确定资金的需求量。一方面，筹集资金并非越多越好，而必须使资金的筹集量与需要量达到平衡，防止因筹资不足而影响经营或者筹资过剩而降低筹资效益。另一方面，在一个会计年度内资金占用量是不断变化的，既要确定全年的平均资金需要量，又要确定每个月份的资金需要量，以便合理安排资金投放时间，提高资金利用率。

3. 恰当选择筹资方式。采用不同方式筹集资金所付出的代价是不同的，进行筹资决策时要对有关情况进行全面分析，选择那些最有利的筹资方式，以降低资金成本，提高投资效益。

4. 注重合理的资本结构。资本结构由自有资金和借入资金构成。负债的多少要与自有资金及偿债能力的要求相适应，要合理筹集资金，也要正确运用负债经营，提高企业资金的利用率，发挥财务杠杆的作用。

另外，还要注意借贷要适度，掌握自有资金的合适比例；借贷时机要适宜，要合理安排长期债务与短期债务的结构，将借款用于经营业务的急需之处，用于经济效益好的项目；要妥善安排还款计划；要比较各种筹资方案的经济效益，做到尽可能花最小的代价取得所需的资金，并能以最短的期限偿还债务。

（三）资金成本

休闲农业与乡村旅游经济组织筹集和使用资金必须付出相应的代价，这就是资金成本。资金成本包括资金筹集费和资金占用费用两部分。

资金筹集费是指在筹措资金过程中为获取资金而付出的代价，例如向银行支付的借款手续费、发行股票支付的印刷费、发行手续费、律师费、资信评估费、公证费等。资金占用费是指为占用资金而支付的费用，如股票的股息、银行借款的利息等。

资金成本可以用绝对数来表示，也可以用相对数来表示，通常把资金成本额同所提供的资金之间的比率称为资金成本率。资金成本是影响休闲农业园区经营组织盈利水平的重要因素，在筹资投资时要尽量以最小的资金耗费取得所需要的资金，同时把投资利润率与资金成本率作比较，以作出科学的投资决策。

（四）融资风险

融资是有一定风险的。融资风险是指融资活动中由于经营和其他变化引起的收益不确定性。融资风险分为经营风险和财务风险两种。经营风险指因经营原因而导致利润的不确定性。休闲农业经营中影响经营风险的因素主要有：产品需求的稳定性、产品售价的变动幅度、产品成本的变动幅度、固定成本所占的比重。企业负债经营，不管利润多少，债务利息不变。因此利润的变动会引起投资者收益的更大幅度变动。这种由于负债而使投资者收益变动的作用，称为财务杠杆。

财务风险是指由全部资本中债务资本比率的变化带来的风险。当债务资本比率较低时，投资者负担较低的债务成本，这使利润的变动对投资者收益变动的影响较小，财务的杠杆作用程度低，财务风险就小，反之财务风险则大。

最优资本结构的确定是休闲农业筹资决策的中心问题。资本结构是指筹措长期资金的各项来源、组合及其关系。不同的融资方式会产生不同的资本结构。确定最优的资本结构就是以最低的资本成本，最小的风险程度取得最大的投资收益。一般来说，企业的成长与稳定、资金成本的高低、金融市场动态等因素，对理想资本结构的确定有重要影响。在融资决策之前，应根据一定的理想目标确定最优资本结构，再根据实际情况加以调整。

二、投资管理

投资，通常指投入一定的财力，以期望在未来取得收益的经济活动。休闲农业与乡村旅游经营组织可以将资产（如现金、银行存款等货币现金或实物）、无形资产等投放于其他企业以进行扩大再生产（如购置固定资产等），从而形成投资活动。

投资的分类，按投资的时间和目的，分为短期投资和长期投资；按投资的范围，分为内部投资和外部投资；按投资的形式，分为直接投资（项目投资）和间接投资（证券投资）。

休闲农业进行投资活动，要认真进行市场调查，完善决策程序；要正确处理投资需求与资金供应的关系；要正确衡量投资收益与投资风险的关系；要按照特定的程序，运用科学的方法进行，保证投资决策的正确性。

（一）固定资产投资程序

固定资产投资程序一般分为 5 个步骤，即投资项目的提出、投资项目的评价、投资项目的决策、投资项目的执行、投资项目的再评价。投资项目的评价是投资决策正确与否的关键。

投资项目的评价涉及以下几项工作：一是估算投资项目的预期现金流量；二是估计预期现金流量的风险；三是确定投资成本的一般水平；四是确定投资项目的现金收入现值；五是对收入现值和所需资本支出作出比较。

在这几项工作中，估算投资项目的预期现金流量是投资决策的首要环节。现金流量是指投资一个项目引起的现金支出和现金收入增加的数量。这里的现金不但包括货币现金，还包括非货币资源的变现价值。

现金流量包括现金流出量、现金流入量和现金净流量三个具体概念。现金净流量是一定期间现金流入量和现金流出量的差额。投资决策之所以要以现金流量为基础，主要原因是：在整个投资有效年限内，利润总计与现金流量总计是相等的，所以现金流量可以取代利润作为评价资产收益的指标；利润受折旧方法的影响很大，而折旧方法的决定受人为因素影响较多，但现金流量不受这些人为因素影响，可以保证项目评价的客观性；采用现金流量指标有利于考虑时间价值因素；资金流量状况比盈亏状况更有决策价值，因为有利润的年份并不一定有足够的现金满足投资需要。

（二）投资决策的一般方法

投资项目评价所使用的指标分为两类：一类是贴现指标，即考虑货币的时间价值因素的指标，主要包括净现值、现值指数、内含报酬率等；另一类是非贴现指标，即没有考虑时间价值的因素指标，主要包括回收期、会计收益率等。

根据分析、评价指标的类别，投资决策的分析方法分为贴现方法和非贴现方法两种。

1.非贴现分析方法。非贴现分析方法有投资回收期分析法和会计收益率分析法两种。

（1）投资回收期分析法。投资回收期指回收初始投资额所需要的时间，投资回收期越短，对投资方案越有利。

如果每年的现金净流量不相等，则回收期是累计每年现金净流量与原投资相等时所对应的时间。回收期分析法的计算较简单，但未考虑货币的时间价值，并且忽略了回收期满以后的现金流量。回收期分析法只追求加快投资额的回收，容易导致急功近利。

（2）会计收益率分析法。会计收益率法也称为平均报酬率，指投资项目的寿命周期内平均的年投资报酬率。采用这一评价方法，应事先确定要求达到的平均报酬率。只有高于平均报酬率的项目才能入选。平均报酬率法较为简单，但也未考虑货币的时间价值，把不同时间的现金流量看作具有相同的价值，容易作出错误的决策。

2. 贴现的分析方法。贴现的分析方法有净现值、现值指数、内含报酬率等方法。

（1）净现值法。净现值是投资项目未来的现金流入量（投产后的净流量＋终结现金流入量）的总现值超过投资项目现金流出量现值（初始投资现值）的差额。如果净现值为正，则投资盈利；如果净现值为负，则投资亏损；如果净现值为零，则投资不亏不盈。净现值法具有广泛的适用性，主要问题是如何确定贴现率，无论是以资金成本率还是以资金报酬率作为贴现率，都存在着一定的估算困难。

（2）现值指数法。现值指数法是指投资项目未来报酬的总现值与初始投资额的现值之比。如果现值指数大于1，说明投资收益超过投资成本，投资盈利；如果现值指数小于1，说明投资收益小于投资成本，投资亏损；如果现值指数等于1，说明投资不盈不亏。现值指数法也需要预先确定一个贴现率，可以用于在初始投资额不同的投资方案之间进行对比决策，因为用相对数表示，可以反映投资方案的效率。净现值指数法反映的是投资方案的效益，对应两个原始投资额相等的方案，其净现值越大越好。如果两个方案投资额不等，净现值也不等，则用净现值指标决策就很困难，此时应采取现值指数指标作参考决定取舍。

（3）内含报酬率法。内含报酬率是指能够使未来现金流入量等于现金流出量的贴现率，也就是投资项目净现值为零的贴现率。如果内含报酬率大于资金成本或要求的必要报酬率，投资方案就可以采纳。如果内含报酬率小于资金成本或要求的必要报酬率，则不宜采用该投资方案。如果两者相等，则说明投资不盈不亏。

三、风险决策

前面介绍的几种投资决策方法，都是假定未来现金流量是确定的，但实际上投资活动有很多不确定性，尤其是在长期投资决策中。涉及的时间长，面临的风险大，这就需要对其进行风险分析。常用的风险决策分析方法有以下几种。

（一）决策树法

当决策涉及多种方案时，可采用形象化的决策分析方法，将各种可供选择的方案可能出现的情况、可能出现的概率以及产生的后果绘制在一张图上，以供讨论研究，作出最佳选择。

（二）敏感性分析

敏感性分析主要用来分析预测项目主要因素发生变化时对经济评价指标的影响，从中找出敏感性的不确定性因素，并确定其影响程度。长期决策中的敏感性分析，通常用来研究有关投资方案的现金净流量或固定资产使用年限，也用来研究投资方案的内含报酬率法。

（三）风险调整贴现率法

这属于计算一个项目的净现值率。对于不同的项目采用不同的贴现率，以适应不同的风险，然后根据净现值法去选择方案。一般认为，高风险的项目采用较高的贴现率去计算净现值，较低风险的项目采用较低的贴现率去计算净现值。

第四节 休闲农业的成本费用、收入和利润管理

休闲农业在经营过程中发生的各种支出和耗费，都要列入成本和费用。休闲农业增加利润的关键是增加营业收入，降低成本费用，因此加强成本费用、收入和利润管理，是休闲农业提高经济效益的关键。

一、成本费用管理

成本费用管理是休闲农业财务管理的重要内容。成本指营业成本，如乡村农家乐饭店的餐饮原材料成本、商品进价成本，旅行社代付的房费、餐费、交通费、文娱费、行李托运费、票务费、门票费、保险费等。费用指营业费用、管理费用和财务费用。营业费用指在经营过程中发生的各种费用，如运输费、装卸费、包装费，邮电费等。管理费用指为组织和管理经营活动而发生的各种费用，如工会经费。

（一）成本费用管理的原则

1.严格遵守国家规定的成本费用开支范围及标准。如果成本费用过高，会使经营利润下降，甚至造成亏损，因此，必须根据实际情况和经营目标，并参照其他企业的成本费用水平，制定本企业的成本费用标准，这是对成本费用进行控制的先决条件。休闲农业园区的经营组织不能随意扩大成本的开支范围。按照现行财务制度规定，下列支出不得计入成本费用：购置和建造固定资产、购入无形资产和其他资产发生的支出，对外投资支出和分配给投资者的利润，被没收财物的损失，支付的各项赔偿金、违约金、滞纳金、罚款及赞助、捐赠支出，

国家规定不得列入成本费用的其他开支。费用开支，也要遵守国家有关规定，不得随意提高。

2. 结合自身情况制定成本费用标准。制定成本费用标准的方法，主要有分解法、定额法和预算法 3 种方法。

分解法指将总的目标成本费用按成本费用项目进行分解，明确各成本费用项目应控制的目标和在目标成本费用的基础上需要降低的幅度，然后把各成本费用项目指标按照部门进行归口分解，各部门再把成本费用指标落实到各个岗位或个人，由各个岗位和个人分别制定各项成本费用支出的目标和措施，据此对分解指标进行修订。各项修订后的指标要以总的目标成本费用为标准，进行综合平衡，形成各项成本费用开支的标准。

定额法指先确定各项经营成本的费用或费用的合理定额，再以此为标准制定成本费用。凡是能够直接确定定额的成本或费用都应制定定额标准，不能直接确定定额的，可比照本行业平均水平和本企业的实际情况确定定额标准。

预算法指先把成本费用划分为与销售收入成比例增减的变动成本、不成比例增减的半变动成本以及与销售收入增减无关的固定费用。在此基础上，按照各部门的业务量分别制定预算，并以此作为费用控制的标准。

各部门的业务量不同，其费用预算也不一样。可根据不同情况制定弹性费用预算。休闲农业经营组织应根据实际情况，综合采用以上 3 种方法来制定成本费用的标准，并根据市场环境及时调整。

3. 按照权责发生制原则严格成本费用核算。权责发生制要求各期的支出应当归属各期，即凡属于本期的成本费用，不论其是否已经实际支出，均应列入本期；凡不属于本期负担的成本费用，即使在本期实际付出，也不应当作本期成本费用处理，应由各受益期分摊。

4.正确处理"开源"与"节流"的关系。进行成本控制的最终目标是提高经营利润。为了获取更大的利润，休闲农业园区经营组织的工作重心应放在不断开源之上，尽量争取扩大接待量，增加营业收入。

休闲农业提供综合服务性产品，服务质量至关重要，不能单纯把降低成本费用作为唯一目的，要处理好降低费用与保证服务质量、增加服务数量的关系。成本费用的控制，特别是能直接增加营业收入的成本费用项目，一般不能控制得过死，离开了"开源"，"节流"就会失去意义。

5.注意日常控制，加强检查考核。要实行责任成本制度，把控制成本费用的责任落实到各个部门。例如，广告宣传费在营业费用中所占的比重较大，为降低广告宣传费用，将各个部门的广告宣传活动整合起来，以达到规模效益；加强宣传的计划性，注意宣传活动的整体安排，力求在最佳的时间、以最低的成本推出效果最好的广告，还可通过各种渠道和形式，与其他企业联合进行广告宣传活动，以达到互惠互利的目的。

6.要进行重点控制。由于成本费用的项目繁多，对所有的成本项目实施同样的控制力度是不明智的。对于不是经常发生但支付金额较大的费用，如购买汽车等固定资产，可在常规控制的基础上由专人进行管理和控制。在日常成本费用的控制过程中，对占用成本比较大的、成本降低幅度较大的和实现成本目标难度较大的部门和岗位，应进行重点控制。为了满足游客的不同需求，"量体裁衣"的个性化服务不断增多，但这类服务的标准成本无法在事先准确制定，应予以重点控制。还要定期和不定期对各个部门及整个企业的成本费用控制情况进行检查和考核，检查成本计划的完成情况，查找和分析成本差异的原因；评价各个部门和个人在完成成本计划过程中的成绩和过失，分别给予应有的奖励和惩罚；总结经验，找出缺点，提出办法，以便进一步降低经营成本。

（二）成本费用控制程序

成本费用控制，是在经营过程中根据事先制定的成本费用目标，按照一定的原则，采用专门的方法，对各项成本费用进行严格的管理、监督和控制的过程。在激烈竞争的市场环境下，把成本费用控制在最低水平是休闲农业园区经营组织生存发展的重要条件之一。

搞好成本费用控制，必须事先设计成本费用控制程序，对成本费用控制各阶段工作的步骤、顺序和内容作出规定，以此组织全体员工搞好成本费用控制工作。

1. 设计阶段的主要工作：制定成本费用控制标准，建立和健全成本费用控制责任制；制定各项成本费用开支控制制度，以约束各项开支，预防偏差和浪费的发生；建立和完善成本费用控制的信息传输系统，以便有关责任人正确及时得到成本费用控制信息，及时采取措施。

2. 执行阶段的主要工作：依据成本费用控制制度对成本费用形成过程进行监控；执行成本费用控制标准，制止业务经营各环节的浪费行为；对日常成本费用比重较大、成本降低目标幅度较大和目标成本实现较难的部门和岗位进行重点控制；认真执行成本费用控制责任制，就地解决成本费用控制中的问题；各成本费用责任部门和责任人正确及时地进行成本费用的日常核算，并通过成本费用控制的信息系统将其发生的实际情况及时传递给有关方面。

3.考核阶段主要工作：通过专业核算求得实际成本，并和一定标准比较，确定成本费用的节约或浪费情况；分析成本费用超支或节约的原因，确定责任归属；采取措施改进工作，进一步修改成本费用的控制标准，改进各项成本费用控制制定标准。

二、收入管理

休闲农业的收入，按与业务经营的关系，可分为营业收入、投资收益和营业外收入，其中主要是营业收入。

营业收入指在经营活动中向顾客提供劳务或销售商品等取得的收入，一般分为基本业务收入和其他业务收入，如乡村农家乐饭店的客房收入、餐饮收入、商品收入等营业收入中的主要部分，就是基本业务收入。其他业务收入是营业收入中的次要部分，且不十分稳定，如农家乐饭店中的固定资产出租、包装物出租等收入。

投资收益是指对外投资取得的收益，包括对外投资取得的利润、股利和债券利息等。

营业外收入是指与业务经营无直接关系的各项收入，包括确实无法支付的应付账款。

休闲农业项目繁多，结算方式多样，营业收入的确认也有多种方法，确认营业收入的基本原则是权责发生制和收付实现制。收付实现制是以货币资金等实际收入、实际收付为标准来确认营业收入的归属期。服务一经提供，商品一经售出，价款一经收讫或一经取得收取价款的凭证，就可以确定为营业收入的实现。

休闲农业收入的管理，要求记账准确，走账迅速，结账清楚，防止跑账漏收，无论是现金收入还是信用卡，都必须完善各流经环节的操作规程。要建立收入稽核制度，保证每天销售记录的准确性和真实性，并编制营业日报表，使管理人员及时准确地掌握营业情况，正确核算营业收入，及时办理结算。

休闲农业收入的取得主要有 3 种形式：预收、现收和事后结算。对于事后结算的管理，要强化事前控制意识，不要等积压占款过多时才去控制。对结算期过长的款项，要采取措施加大催收力度，降低资金占用的数量。

三、利润管理

利润指一定时期内休闲农业的全部收入扣除全部支出后的余额，是休闲农业园区经营组织经营活动的最终财务成果的体现。利润是一项综合性财务指标，劳动效率的高低、资金利用效果的好坏、成本费用的升降等，都能在利润水平中得到体现。借助利润这一指标，可以对经营活动加以有效控制。

休闲农业加强利润管理，首先要编制利润计划。在考虑市场竞争和客源变化的情况下，参考本行业的平均先进水平或本企业历史最好的水平，着眼于挖掘内部潜力和扩大市场占有率，在上年实际利润的基础上规划目标利润。确定目标利润后，测算出为实现目标利润所应完成的销售量及所产生的各种成本和费用。为保证目标利润的实现，要把利润计划分解为各种更为具体的指标，层层落实，把各种成本指标与各种形式的责任制纳入管理范围，并采用一些奖励措施奖励那些超额完成利润指标的员工。利润计划期结束后，要总结利润实现情况。

利润分配是对利润的所有权和占有权进行划分，保证其合理归属的管理过程。利润分配直接涉及国家、投资者、企业和个人的经济利益，必须遵守国家财政法规，兼顾所有者、经营者和职工的利益，及时抵补亏损。要处理好内部积累与消费的关系，充分调动职工的积极性。

休闲农业的利润在缴纳所得税之后，需按国家规定的利润分配程序，在企业和所有者之间进行分配。税后利润分配程序如下：抵补被没收的财务损失，支付违反税法规定的各项滞纳金和罚款，弥补以前年度亏损，提取法定盈余公积金，提取公益金（主要用于员工的集体福利），向投资者分配利润。当年无利润时不得向投资者分配利润，以前年度未向投资者分配利润可以并入本年度分配。股份制企业在提取法定公积金和公益金后按下列顺序分配：支付优先股股利，按公司章程或股东大会决议提取任意盈余公积金，支付普通股利。如果当年无利润，原则上不分股利。

第五节　休闲农业的财务报表管理

财务报表是使用统一货币计量单位，根据日常会计核算资料，反映一定时期财务状况和经营成果的书面文件。财务报表是会计核算过程中最后得出的结果，也是财务管理的重要依据。财务报表管理就是对企业财务进行分析，根据财务报表传达的信息来评价企业财务状况，预测发展趋势，为下一期决策提供有关资料。

一、财务报表分类

财务报表，按照不同标准可以分为不同类别。

按反映的经济内容，可分为静态报表和动态报表。静态报表是综合反映某一特定时期资产、负债、所有者权益的报表，如资产负债表；动态报表是反映一定时期内资金耗费和资金回收的报表，如利润表。

按财务报表报送对象，可分为内部报表和外部报表。内部报表一般不需要统一的规格，也没有统一的指标体系。外部报表是供政府部门、其他企业或个人使用的财务报表。

按财务报表的编制单位，可分为基层报表和汇总报表。基层报表是独立核算企业对账簿记录进行加工而编制的财务报表。汇总报表指企业主管部门和上级机关根据所属企业报送的基层报表，连同本单位报表汇总编制的综合性财务报表。

按报表的编制时间，可分为月报、季报和年报，月报要求简明扼要，年报要求反映全面，季报在使用的详细程度方面介于月报和年报之间。

二、财务报表报送种类

财务报表报送种类，主要有资产负债表（月报）、利润表（月报）、现金流量表（年报）、利润分配表（年报）、营业收支明细表（年报）。此外，休闲农业还需要报送财务状况说明书，其主要内容包括企业经营情况和对主要经济指标完成情况的简要说明，某些重要事项采用的财务会计方法及其变动情况和原因说明，本期或下期财务状况发生重大影响的事项，为便于正确理解财务报表需要说明的其他事项。财务报表和财务状况说明书，经财务负责人、会计师审核后，按规定时间报送有关单位和个人。

资产负债表是反映企业一定时期财务状况（即资产、负债和所有者权益情况）的一种静态报表，按照资产 = 负债 + 所有者权益的会计平衡公式编制。通过资产负债表，可以了解企业经济实力、偿债能力、经营能力及未来的财务趋向等信息，这对于促使合理使用经济资源，加强经济管理都有重要意义。

资产负债表中的各个项目，是按照流动性强弱顺序排列的，即资产流动性强的在先，流动性弱的在后，按照我国旅游、饮食服务《企业会计制度》的规定，制定休闲农业与乡村旅游企业负债表。

利润表也称收益表，是反映一定时期内（月度、季度、年度）生产经营成果的一种动态报表。通过利润表，可以从总体上了解企业收入、成本和利润（或亏损）的组成情况及其由此计算出来的利润（或亏损）分配情况。它是了解经营业绩尤其是获利水平的主要报表。

休闲农业除编制利润表外，还可以编制其他有关经营成果的附表，展示影响经营成果的诸因素，以利于经营分析、决策和控制。附表按年提供，主要有利润分配表和营业收支明细表。利润分配表反映企业利润分配情况和年未来分配利润情况，它是企业利润表的延续。

营业收支明细表通过对营业收支进行细分，反映营业收支及实现利润的情况，它对于加强微观管理，提高经济效益有着十分重要的作用。营业收支明细表可根据业务情况设置栏目，各项目应根据营业收入、营业成本、营业费用、营业税金及附加等科目的记录分析计算。

二、财务报表管理

财务报表的管理就是根据财务报表，一般是以资产负债表和利润表为依据，并借助于多种财务指标，对休闲农业园区经营组织的财务状况进行分析和评价。分析和评价的内容主要包括偿债能力、运营能力和盈利能力3个方面。他们从不同角度反映财务状况和经营成果。休闲农业园区财务报表反映的是园区的经营成果和财务状况，借助财务报表的分析，企业可以了解经营中存在的缺陷以及今后的改进方向。

（一）财务报表的管理程序

一般来说，财务报表的管理，要按照以下程序进行。

一是明确管理目的，编制分析管理计划。财务报表管理要达到什么目的是进行财务报表分析管理时首先要解决的问题，然后才能编制分析管理工作的组织、分工、日程安排等计划。

二是确定财务报表分析管理的标准。对财务报表进行分析管理需要比较，要比较就要有标准。财务报表分析管理一般可用以下标准：财务预算、劳动与消耗定额及其他财务标准，历史资料和同行业平均水平。当然标准要先进，要剔除一些异常的特殊情况。

三是充分调查研究，收集分析管理素材。对财务报表的分析管理，要建立在对财务报表及各种日常统计核算的基础上，也离不开对市场及政策等外部环境资料的占用和收集，这些基础资料的准确性将影响财务报表管理的质量和各项经营决策。

四是对数据进行管理分析。对财务报表进行分析得出的一系列数据并不是最终目的，要对数据进行整理和分析，找出其中的差异和存在的问题，为提出改进措施奠定基础。

五是写出分析管理报告，提出具体整改措施。通过比较分析，要对财务状况作出总的评价判断，写出分析管理报告。报告要指出问题，找出原因，并提出具体整改措施，提交经营管理者决策参考。

（二）财务报表分析方法

对财务报表进行分析，主要有以下几种方法。

1.比较分析法。这种方法将对本企业的具有可比性的各种经济指标在同一基准上进行比较，根据比较的差异揭示财务状况。运用比较分析法，必须选择好的比较标准，一般常见的比较标准有：实际指标和预算指标比较、本企业和同行业先进企业指标比较。实际指标和预算指标比较可比较预算指标的完成情况。实际指标与上年同期指标和历史最高水平的指标比较，可发现经营活动的规律和管理中的薄弱环节；本企业和同行业先进企业指标比较，可找出差距。比较分析只能从总体上说明企业的哪些指标增加，哪些指标减少，但不能说明指标增减的原因。这种方法也不适合在经营管理差距很大的企业间进行分析。

2.比率分析法。这种分析法是用比率来反映同一张报表的不同项目之间，或两张不同的财务报表的有关项目之间的相互关系，以分析评价预测获利能力、偿债能力等。

3.趋势分析法。这种方法也称动态分析法，是根据各种财务现象的时间上的变化来分析企业的发展趋势，根据所选择的基期变动与否，可分为定基趋势分析和环比趋势分析。定基趋势分析的基础是固定的。环比趋势分析，首先不确定固定的基期，而是以当年各项目与前一年度各项目的百分比，随后类推而形成的一连串比值，借以分析企业未来走向。

（4）因素分析法。一项财务指标往往受相关因素的影响，可以将它分解成各个构成因素，然后具体分析每一个因素的影响程度，给下一步工作指明方向。因素分析法有连锁替代法、因果分析法等。连锁替代法是确定引起某个经济指标变动的各个因素的影响程度的一种计算方式。因果分析法，就是针对经营管理中的某一问题（结果），广泛征求意见，找出形成这种结果的真正原因，寻根究底，直到能具体采取措施解决问题为止。

第六节　休闲农业应收账款管理

在竞争激烈的市场环境下，休闲农业经营组织为了扩大销售，提高市场占有率，增加竞争力，赊销业务不断增多，应收账款在资产中的比重日益加大。应收账款是被其他企业占有的资金，存在着收不回来的风险，休闲农业经营组织在制订销售策略时应该合理安排赊销业务的比例，适当控制应收账款的数额；根据不同客户的信用情况确定不同的赊销规模和金额，及时进行款项结算。

为了在扩大销售的同时加快资金周转速度，提高资金使用率，减少风险和损失，应加强对应收账款的管理，重点做好以下几项。

（一）分析账龄

应收账款增多，发生坏账的可能性会随之加大。如果连续发生大笔坏账，就会造成重大的经济损失，即使是经营多年、基础雄厚的休闲农业园也难以逃避破产倒闭的厄运。可见，加强对应收账款的管理是休闲农业管理人员的重要任务。

为了加快应收账款的回收速度，缩短应收账款的回收时间，对未能按时收回的应收账款要加大催收力度，及时清理确实不能收回的应收账款。经营者要定期(一般是一个月一次)对应收账款进行账龄分析。编制应收账款账龄分析表，应收账款账龄分析表中详细分列每一个客户的欠款金额、时间，并对可能发生的损失进行估计，根据账款账龄分析表了解应收账款的回收情况。作为流动资产，应收账款一般应在短期内收回。账龄越长，即应收账款拖欠的时间越长，发生坏账的可能性越大。休闲农业经营组织应根据应收账款账龄分析表，对不同的客户分别制定并及时调整信用政策和催账计划，以便尽快收回拖欠的款项，减少财务损失。

（二）制定信用政策

为了能在扩大销售的同时减少风险和损失，休闲农业经营组织应该建立客户档案，对每个客户制定合理的信用政策。

首先制定信用标准，即对能够赊销的客户提出基本要求。休闲农业经营组织的信用标准通常用坏账损失率来衡量。如果信用标准过严，只对信誉很好、坏账损失率很低的客户给予赊销，这样能减少坏账的损失和应收账款的机会成本，但可能不利于扩大销售量。如果信用标准过宽，虽然会增加销售量，但会相应增加坏账损失和应收账款的机会成本。休闲农业经营组织应根据具体的情况进行权衡，确定合适的信用标准。

信用标准确立以后，要对客户进行信用调查和信用评价。经营管理人员通过与客户的直接接触就能了解客户的一些信用情况，客户的财务报表，银行、财税部门、工商管理部门、证券交易部门、信用评估机构等也可提供有关客户的信用情况。只有正确地评价每一个客户的信用状况，才能合理地执行信用政策。

休闲农业应根据流动资金的使用情况和每一个客户的信用状况，分别制订支付赊销款项的信用条件，包括信用期限、折扣期限和现金折扣。信用期限是为客户规定的最长付款时间，超过了这个期限就视为拖欠，要估计坏账损失。折扣期限是为客户规定的可享受现金折扣的付款时间。现金折扣是在客户提前付款时给予的优惠。当流动资金比较多、周转速度较快时，可以对信誉较好的客户适当延长信用期限。而当流动资金比较紧张时，就应该缩短信用期限。此外还要针对不同的客户计算现金折扣的损失和收益，从而确定最合适的折扣率。

为了减少坏账损失，还应根据实际情况确定每一个客户的信用额度，即规定客户所欠营业款的最高限额。一旦应收账款超出信用额度就应催收以前发生的应收账款。

总之，休闲农业要综合考虑信用政策的变化对销售额、应收账款的机会成本、坏账成本和收账成本的影响。值得强调的是，应根据经营情况、账龄分析的结果、客户的付账表现和其他相关信息，及时调整信用政策，而且客户信用政策一旦制定下来不应随意变更。

（三）制定收账措施

为了尽快收回拖欠的应收账款，必须制定合适的收账措施。

（1）确定合理的催收程序。催收账款的程序一般包括信函通知、电话催收、派员面谈、法律行动。当客户拖欠账款时，要先给客户一封有礼貌的通知信件，并附上账单；接着，可寄出一封措辞较直率的信件，进一步则可通过电话去催收；若再无效，收账员可直接与客户面谈，协商解决，如果谈判不成，就只好采取法律行动。催收账款时还要注意把握追讨时限。由于法律规定只能在欠款发生的两年内追讨欠款，因此必须清楚每一个客户的每一笔欠款，分别制定催账计划，避免失去采取法律行动的时机。

（2）确定有效的讨债方法。客户拖欠账款的原因比较多，归纳起来有两类，一类是无力偿付，另一类是故意拖欠。无力偿付是指客户因财务出现困难，没有资金偿付到期的债务。对这种情况要进行具体分析，如果客户确实遇到暂时困难，经过努力可以东山再起，就应帮助客户渡过难关，以便收回较多的账款。如果客户遇到严重困难，已经达到破产极限，无法恢复活力，则应及时向法院起诉，以期在破产清算时得到债权的部分清偿。故意拖欠指客户虽然有能力付款，但为了本身的利益，想方设法不付款，遇到这种情况，需要采取各种讨债方法迫使客户早日付款，也可以与客户进行反向的业务活动，以拖欠对方的应付账款来冲抵应收账款。

附录1

农业农村部关于开展
休闲农业和乡村旅游升级行动的通知
农加发〔2018〕3号

各省、自治区、直辖市及计划单列市农业（农牧、农村经济）厅（局、委），新疆生产建设兵团农业局：

为深入贯彻党的十九大精神，认真落实《中共中央、国务院关于实施乡村振兴战略的意见》关于"实施休闲农业和乡村旅游精品工程"的决策部署，促进农业高质量发展，加快培育乡村发展新动能，农业农村部决定开展休闲农业和乡村旅游升级行动。现将有关事项通知如下。

一、深刻认识重要意义

休闲农业和乡村旅游是农业旅游文化"三位一体"、生产生活生态同步改善、农村一产二产三产深度融合的新产业新业态新模式。党的十八大以来，休闲农业和乡村旅游呈现持续较快增长态势，为农业农村经济发展和农民就业增收发挥着越来越重要的作用。但产业总体发展仍然不平衡不充分，中高端乡村休闲旅游产品和服务供给不足，发展模式功能单一，经营项目同质化严重，管理服务规范性不足，硬件设施建设滞后，从业人员总体素质不高，文化深入挖掘和传承开发不够等问题仍不同程度存在。开展升级行动，有利于推进农业供给侧结构性改革，促进农业转型升级；有利于发展农村新产业新业态新模式,加快培育农业农村发展新动能;有利于农民就近就地创业,促进农民就业增收;有利于改善农村人居环境,为城乡居民提供看山望水忆乡愁的好去处,满足人民日益增长的美好生活需要。实施升级行动对于推进休闲农业和乡村旅游高质量发展,实施乡村振兴战略,加快农业农村现代化,实现农业强、农村美、农民富,建设美丽中国健康中国都具有十分重要的意义。

二、准确把握总体要求

开展休闲农业和乡村旅游升级行动要以习近平新时代中国特色社会主义思想为指导,践行"绿水青山就是金山银山"重要理念,贯彻落实中央一号文件精神,紧紧围绕实施乡村振兴战略,以深化农业供给侧结构性改革为主线,以建设美丽乡村、促进农民就业增收、满足居民休闲消费为目标,推进业态升级、设施升级、服务升级、文化升级、管理升级,推动乡村休闲旅游高质量发展,为加快推动农业农村现代化提供有力支撑。

开展升级行动,要坚持以人民为中心的发展思想,紧紧围绕农民就业增收和市民休闲旅游需求,不断增强城乡居民的获得感、幸福感、安全感;坚持以农业为基础的发展定位,积极拓展农业多种功能,因地制宜发展休闲观光、体验娱乐、科普教育、健体康养、民俗民宿等特色产业;坚持以绿色为导向的发展方式,遵循乡村自身发展规律,美化乡村生态环境,提供绿色优质产品和服务;坚持以创新为动力的发展路径,积极发展创意农业,创作一批充满艺术创造力、想象力和感染力的创意精品;坚持以文化为灵魂的发展特色,立足本地农耕文明,发掘民俗文化,拯救村落文化,弘扬乡贤文化,讲好乡村故事。

三、进一步明确目标任务

到 2020 年，休闲农业和乡村旅游产业规模进一步扩大，营业收入持续增长，力争超万亿元，实现业态功能多样化、产业发展集聚化、经营主体多元化、服务设施现代化、经营服务规范化，打造一批生态优、环境美、产业强、机制好、农民富的休闲农业和乡村旅游精品，支撑农业现代化、带动农民增收、促进美丽乡村建设的作用更加突出，满足城乡居民美好生活需要的能力进一步增强。

（一）培育精品品牌促升级。创新推动休闲农业和乡村旅游品牌体系建设，以行政村镇为核心，建设一批天蓝、地绿、水净、安居、乐业的美丽休闲乡村（镇）；以集聚区为核心，建设一批功能齐全、布局合理的现代休闲农业园区；以经营主体为核心，建设一批增收机制完善、示范带动力强的现代休闲农庄。全国上下联动、精心组织休闲农业和乡村旅游大会、美丽乡村休闲旅游行等主题活动，分时分类向社会发布推介精品景点线路。鼓励各地因地制宜培育农业嘉年华、休闲农业特色村镇、农事节庆、星级农（林、牧、渔）家乐等形式多样、富有特色的品牌。

（二）完善公共设施促升级。充分利用政府、社会和金融机构等不同渠道资金，加大对休闲农业和乡村旅游公共服务设施建设的支持力度，改造提升一批休闲农业村庄道路、供水、停车场、厕所、垃圾污水处理等设施，扶持建设一批设施齐全、功能完备、特色突出的美丽休闲乡村（镇）、休闲农业园区和休闲农庄。鼓励因地制宜兴建特色餐饮、特色民宿、购物、娱乐等配套服务设施，满足消费者多样化的需求。

（三）提升服务水平促升级。组织开展休闲农业和乡村旅游人才培训行动，加强行政指导、经营管理、市场营销等培训，培育一批积极性高、素质强、善经营的行业发展管理和经营人才。鼓励从业人员就近就地参加住宿、餐饮、服务等各种培训，增强服务意识、规范服务礼仪、提高服务技能，提升服务规范化和标准化水平。组织编制休闲农业精品丛书，加强对休闲农业设计、管理、营销、服务的指导。鼓励实行学历教育、技能培训、实践锻炼等多种教育培训方式提高从业者素质能力。

（四）传承农耕文化促升级。结合资源禀赋、人文历史和产业特色，挖掘农村文化，讲好自然和人文故事，建设有温度的美丽乡村，书写记得住的动人乡愁，提升休闲农业和乡村旅游的文化软实力和持续竞争力。按照在发掘中保护、在利用中传承的思路，做好第五批中国重要农业文化遗产发掘保护认定，加大对已认定遗产保护和合理适度利用。举办中国重要农业文化遗产主题展，提高全社会对农业文化遗产保护工作的认识。

（五）注重规范管理促升级。梳理、修订和完善现有休闲农业和乡村旅游标准，加大宣传和贯彻力度，提升产业标准化、规范化发展水平。注重发挥休闲农业和乡村旅游协会、产业联盟和社会组织的桥梁纽带作用，形成经营主体自我管理、自我监督、自我服务的管理服务体系。加强对从业人员的诚信教育和服务考核，规范竞争行为，营造公平环境。加强安全宣传教育，强化安全意识，完善预警机制，提升应急能力。

四、切实强化保障措施

（一）强化组织领导。各地农业农村管理部门要从战略和全局的高度深化认识，把开展升级行动作为推动乡村振兴的重要举措，认真履行规划指导、监督管理、协调服务的职责，充实工作力量，建立高效的管理体系。要尽快组织制定发展战略、政策、规划、计划并指导实施，进一步明确目标任务和主要内容，大力推动休闲农业和乡村旅游高质量发展。

（二）强化政策落实。要结合实际认真贯彻落实中央一号文件，农业部、财政部等 11 部门印发的《关于积极开发农业多种功能大力促进休闲农业发展的通知》（农加发〔2015〕5 号）和农业部、国家发展改革委等 14 部门印发的《关于大力发展休闲农业的指导意见》（农加发〔2016〕3 号）等系列政策措施，制定完善具体实施意见，协调各部门在用地、财政、税收等方面落实扶持措施，推动政策落地生效。

（三）强化宣传引导。充分利用报刊、电视、网络、微博、微信等各类媒体，大力宣传休闲农业和乡村旅游政策措施，及时总结宣传新进展新成效、好做法好经验。要创新形式，举办各具特色、形式多样的发布推介活动，加强对各类精品品牌、先进主体、优秀人物宣传，发挥好典型示范的引领带动作用，传播好声音、好故事，营造产业发展良好氛围。

（四）强化公共服务。要加大监测统计力度，建立健全监测统计制度，开展动态监测分析，为产业发展提供数据支撑。加强对已认定全国休闲农业和乡村旅游示范县等品牌的动态管理考核，研究设立考核标准和退出机制。鼓励引导社会资本参与信息服务平台建设，完善休闲农业和乡村旅游网有关功能，提升信息化服务水平。充分发挥休闲农业专家委员会、农业文化遗产专家委员会、休闲农业重点实验室、研究所、创意中心、职业院校的人才优势，为产业发展提供智力支撑。

农业农村部

2018 年 4 月 13 日

附录2

农业农村部办公厅关于开展第七批
中国重要农业文化遗产挖掘认定工作的通知

农办社〔2022〕16号

各省、自治区、直辖市农业农村（农牧）厅（局、委），新疆生产建设兵团农业农村局：

为深入贯彻落实党的二十大和习近平总书记致全球重要农业文化遗产大会贺信精神，保护传承中华优秀传统文化、全面推进乡村振兴，根据《重要农业文化遗产管理办法》（中华人民共和国农业部公告第2283号（2015年8月28日））规定，我部决定开展第七批中国重要农业文化遗产挖掘认定工作。现将有关事项通知如下。

一、重要意义

我国农耕文明源远流长、博大精深，是中华优秀传统文化的根。农耕文明孕育形成并传承至今的农业文化遗产，数量众多、形态多样、内涵丰富，承载着人与自然和谐共生的传统智慧，在保障供给、保护生态、传承文化、就业增收等方面发挥着积极作用。持续挖掘认定中国重要农业文化遗产，是加强农村精神文明建设、推进乡村文化振兴、提升乡村多元价值的重要举措，对于贯彻落实党中央关于保护传承中华优秀传统文化、推进文化自信自强的决策部署具有重要意义。

二、申报条件

中国重要农业文化遗产是中华民族在长期农耕实践中创造并传承至今的传统农业系统，申报应具备以下条件。

（一）具有传承发展我国优秀农耕文化的重要价值。农业文化遗产传承历史至少100年，在重要农业物种起源传播、重大农耕技术和制度创新推广中有着重要意义，彰显中华民族的思想智慧和价值追求，至今仍具有较强的生产功能，对当地农业生产、农民增收和社会福祉等起着重要作用。

（二）具有明确的核心保护要素和核心保护区域。核心保护要素包括农业物种、生产方式、农业景观、宅院村落、节庆活动、乡风民俗等多个方面，并具有内在关联性；核心保护区域以行政村为单位，不仅包括农业生产系统，也包括乡土文化和生态系统。

（三）具有特色鲜明的传统农业产业和农耕技术知识体系。农业文化遗产的传统农业产业应有一定规模，传承着资源集约利用、水土保持、病虫草害控制、养分循环、生物多样性保护、气候调节与适应等传统农耕技术和知识，保留有相应的特色生产方式，体现了传统农耕智慧，被当地农民普遍掌握和持续应用。

（四）具有以农耕为基础的传统乡土文化。围绕传统农业产业形成的乡土文化，融入群众日常生产生活，蕴含丰富的思想观念、人文精神和道德规范，具有符合中华优秀传统文化审美特征的农业景观，反映当地传统特色。

（五）具备可持续保护传承的社会基础。当地群众对相关传统农业系统的认知度、参与度较高，具有较强的价值认同和保护意识，支持申报中国重要农业文化遗产，自觉履行保护传承义务。有相应的技术支撑力量和志愿服务组织等参与保护传承工作。

（六）存在消亡的风险。面临自然灾害、气候变化、生物入侵等自然因素和工业化、城镇化、农业技术进步、外来文化等社会因素的影响，农业物种、传统生产方式、农业景观、文化表现形式等不断减少、减弱，存在消亡的风险。

三、申报程序

（一）县级申报。以县级以上人民政府为申报主体，鼓励同一区域同类遗产联合申报。按照要求编制申报书（见附件1）、签署承诺函（见附件2），优选能够反映农业文化遗产典型特征、现状的照片10—15张和相关视频材料，提交省级农业农村部门汇总审核。

（二）省级推荐。省级农业农村部门对照申报条件进行审核筛选，原则上推荐项目不超过3个，于2023年3月31日前将推荐项目纸质版申报材料报送农业农村部农村社会事业促进司，同时发送电子版申报材料。

（三）评议公示。农业农村部组织专家对推荐项目进行评议，根据评议结果确定候选项目名单并公示，征求社会意见建议。

（四）制定规划。公示无异议的候选项目，由申报主体依据评议意见和相关要求编制农业文化遗产保护与发展规划。坚持开门编规划，征求社会各方面意见建议，并与当地国民经济和社会发展规划有机衔接。规划文本应向社会公开。

（五）认定公布。农业农村部组织相关领域专家实地调研候选项目，结合规划编制质量、现场考察等情况综合评估，认定并公布第七批中国重要农业文化遗产。

四、有关要求

各地要深入学习贯彻党中央关于保护传承中华优秀传统文化和全面推进乡村振兴的决策部署，切实提高政治站位，高度重视和认真组织中国重要农业文化遗产挖掘申报工作。要准确把握中国重要农业文化遗产的申报条件和要求，认真填报、审核相关材料，在充分摸底调研的基础上优中选优推荐符合条件、代表本区域农耕特色的项目，避免盲目申报造成人力物力财力浪费；申报过程应注重面向当地群众加强宣传教育，普及农业文化遗产相关知识理念，增强保护意识和文化自信，坚持创造性转化、创新性发展，推动优秀农耕文化在全面乡村振兴中展现时代风采和魅力。

附件：

1. 中国重要农业文化遗产申报书（提纲）
2. 承诺函（模板）

农业农村部办公厅

2022 年 12 月 2 日

附件 1

中国重要农业文化遗产申报书（提纲）

一、概要

1. 农业文化遗产名称。一般采用"省份名称＋遗产区域名称＋遗产核心要素＋系统"形式进行命名，遗产区域名称应考虑历史文化因素，不简单使用现有地名；遗产核心要素不简单使用单一农产品名称。

2. 农业文化遗产的特色和意义。简述核心保护要素和基本特征，说明其历史、文化、时代价值。

3. 遗产申报地自然和经济社会发展基本情况。

4. 申报责任人、申报联络员通讯地址和联络方式。申报责任人为县级以上人民政府相关负责同志；由申报主体指定相关政府组成部门为申报实施主体，该部门主要负责同志为申报联络员。

二、情况介绍

1. 农业文化遗产核心保护要素。对核心保护要素逐一进行描述，列表说明核心保护要素保存现状和分布情况。

2. 农业文化遗产核心保护区域。以行政村为单位确定，说明依据和各村所具备的农业文化遗产核心保护要素内容。列表说明核心保护区人口、产业、交通、收入、自然资源条件等情况。

3. 农业文化遗产的历史渊源。包括历史来源和发展历程，对重要农业物种起源传播、重大农耕技术和制度创新推广的重要意义。

4. 传统农业产业和农耕技术知识体系。说明传统农业产业发展情况，农耕技术知识体系所包含内容和农民掌握、应用情况。

5. 传统乡土文化。说明所包含内容和其中蕴含的思想观念、人文精神和道德规范。

6. 保护传承的社会基础。当地农民群众对农业文化遗产的认知和参与保护传承的情况。

7. 保护传承面临的突出问题和消亡风险。

8. 其他相关情况。包括当地历史文化特色，农村非物质文化遗产、传统村落、乡村传统技艺，相关文物保护单位、古迹遗址等分布和保护传承情况。

三、工作措施

近5年当地政府在农业文化遗产保护传承方面开展的工作，以及相关荣誉、奖励或科研成果证明等。未来5—10年保护传承相关工作考虑，包括但不限于农业文化遗产的调查评估、保护措施、价值发掘、开发利用、宣传教育等方面。

申报主体公章

年　月　日

附件2

承诺函（模板）

我们认为★★★★（农业文化遗产名称）对于保护传承中华优秀传统文化、全面推进乡村振兴具有重要意义。我们承诺保护该农业文化遗产及其相关的生产方式、知识体系、乡土文化和农业景观，制定农业文化遗产保护与发展规划并纳入国民经济和社会发展规划，确保必要的机构、人员和财政资金支持，建立以农民为核心的多方参与共享机制，完善法律法规和采取有效政策措施推进保护传承工作。

（申报主体主要负责同志签字）

（申报主体公章）

承诺人：　　　　　　　　　　　　　年　月　日

附录3

农业农村部办公厅关于开展 2023 年
中国美丽休闲乡村推介活动的通知

农办产〔2023〕3 号

各省、自治区、直辖市农业农村（农牧）厅（局、委），新疆生产建设兵团农业农村局：

为深入贯彻落实中央农村工作会议和《中共中央、国务院关于做好 2023 年全面推进乡村振兴重点工作的意见》精神，持续拓展农业多种功能、挖掘乡村多元价值，大力实施乡村休闲旅游精品工程，拓宽农民增收致富渠道，培育乡村新产业新业态，促进宜居宜业和美乡村建设，我部决定开展 2023 年中国美丽休闲乡村推介活动。现就有关工作通知如下。

一、申报条件

中国美丽休闲乡村以行政村为主体单位，在发展提升乡村休闲产业方面应具备以下条件。

（一）产业优势鲜明。自然风貌、生态环境、乡土文化等乡村休闲旅游资源丰富，地域特色和乡村特点突出。农家乐、乡村民宿、生态康养、农业观光等业态类型多样，农事体验、科普教育、研学实践等经营项目多元。休闲农业与乡村重点产业、特色农业结合紧密，乡土资源充分开发，联农带农作用突出，就地吸纳农民创业就业有力，乡村休闲旅游已成为当地乡村经济发展的重要产业。

（二）服务功能健全。餐饮、住宿、停车场、游客服务中心等服务设施齐全，吃住行游购娱学等休闲体验功能完备。村容村貌整洁，乡村人居环境优美，传统村落和特色民居得到有效保护，乡韵乡味氛围浓郁，未发生环境污染和生态破坏事件。休闲农业行业相关服务规范，从业人员业务素质良好，未发生生产安全责任事故。

（三）乡风民俗良好。村规民约有效执行，村民诚实守信、合法经营、安居乐业。移风易俗成效明显，民俗文化得以传承，家风优良、民风淳朴、孝悌和睦、守望相助。富有农耕农趣农味、体现和谐和顺和美的乡村文化产品丰富。乡村治理有效、和谐有序，近3年无群体性上访、恶性治安案件等情况发生，无擅自占用耕地和基本农田行为。

（四）品牌效应明显。村域内乡村休闲旅游项目在当地具有较高知名度。获得省级美丽休闲乡村、农家乐特色村等荣誉，建设科普基地和中小学及各类大专院校劳动实践基地或获得省级以上相关奖励和荣誉称号的村可优先推荐。

其中，农家乐特色村还应具备以下条件。一是村内以经营农家乐为主，开办农家乐数量达到5家以上。二是村内主要经营乡土美食、农事体验、民俗文化、特色民宿等体现农家生活特色的项目。三是农民通过直接兴办农家乐，增加经营性收入效果明显。

二、推介程序

（一）村级申报。申报村对照具体申报条件，在自评基础上，填写《2023年中国美丽休闲乡村申报表》，并附相关证明材料，提交至县级农业农村部门。

（二）县级审核。县级农业农村部门负责对本县申报村的材料进行审核，符合申报条件的向省级农业农村部门推荐。

（三）省级推荐。省级农业农村部门按照申报名额分配表数量要求择优推荐，同等条件下可优先推荐国家乡村振兴重点帮扶县的乡村。对推荐的乡村进行排序，以省级农业农村部门名义正式行文（请在文件推荐名单中对农家乐特色村用"★"号标注）报农业农村部乡村产业发展司。

（四）部级推介。农业农村部将组织专家进行审核，遴选确定一批拟推介的中国美丽休闲乡村，经复核后，在农业农村部网站公示5个工作日。公示无异议后，公布中国美丽休闲乡村名单并向社会宣传推介。

三、组织保障

（一）加强组织领导。省级农业农村部门要充分调动县级农业农村部门和乡村工作积极性，发挥联动优势，明确任务分工，规范工作程序。坚持"谁推荐、谁负责"，省级农业农村部门要对申报材料的真实性以及电子版与纸质版材料的一致性进行复核，严格把关。如有弄虚作假，一经查实，将不予推介，同时扣减省级申报名额。

（二）强化政策扶持。以推介工作为契机，进一步增强服务意识，完善服务体系，拓展服务领域，增强文化内涵，提升创意水平，加大奖补力度，明确扶持措施。落实农村道路畅通工程专项推进方案，支持中国美丽休闲乡村实施公路改造。对于有金融需求的中国美丽休闲乡村，将优先纳入相关涉农金融支持范围。引导农业、文旅企业等社会资本有序参与美丽休闲乡村建设，完善利益联结机制，让农民更多分享产业增值收益。

（三）做好信息监测。农业农村部将定期开展中国美丽休闲乡村信息监测，各级农业农村部门要按照监测要求，落实监测任务，加强信息调度，确保信息质量，及时送报监测情况。

（四）加大宣传推介。通过开展美丽休闲乡村推介，树立一批典型、探索一批模式、打造一批品牌。鼓励借助电商平台推介，采用直播、短视频等方式，提高知名度，营造休闲农业和乡村旅游发展的良好氛围。省级农业农村部门可择优推荐1个依托"土特产"延伸发展乡村休闲旅游成效明显的中国美丽休闲乡村典型案例，形成相关材料，主要包括乡村基本情况、产业发展政策措施以及带动农业增值、农民增收等方面成效，篇幅1500字左右。我部将组织遴选，适时予以宣传。

（五）确保工作时效。请省级农业农村部门按照申报名额确定推荐名单，于2023年5月28日前将推荐文件、申报表、典型案例等相关材料纸质版1份报农业农村部乡村产业发展司。同时，按要求完成上述材料的线上提交工作，确保电子版材料和纸质版材料相符。对于数据不实、材料不全或滞后报送的将不纳入本次推介范围，超名额申报的将退回。

农业农村部办公厅

2023 年 4 月 13 日

附录 4

农业农村部办公厅关于开展 2024 年
全国休闲农业重点县申报和监测工作的通知

农办产〔2024〕2 号

各省、自治区、直辖市农业农村（农牧）厅（局、委），新疆生产建设兵团农业农村局：

为深入贯彻落实中央农村工作会议和《中共中央、国务院关于学习运用"千村示范、万村整治"工程经验有力有效推进乡村全面振兴的意见》精神，根据《全国乡村产业发展规划（2020—2025 年）》和《乡村产业振兴工作指引（试行）》关于实施乡村休闲旅游精品工程，推动资源要素向乡村汇聚，促进休闲农业高质量发展的要求，我部决定2024 年继续开展全国休闲农业重点县申报和监测评估工作。现就有关事宜通知如下。

一、2024 年全国休闲农业重点县申报

（一）基本条件

1. 资源优势明显。资源条件具有稀缺性，具备以下条件之一：

一是具有世界知名自然文化资源。县域范围内拥有世界自然遗产、世界文化遗产、世界非物质文化遗产或全球重要农业文化遗产等稀缺资源。

二是具有全国独特自然文化资源。县域范围内拥有全国独特的山川河流、森林草木、美丽田园、草原湿地等别具一格地质地貌，或具有独特气候、冰雪天地、阳光沙滩等鲜明气象物候特征，或具有农耕文化、古老传说、古建遗存、传统技艺和戏剧曲艺等民族民俗风情。

三是具有区域鲜明自然文化资源。县域范围内拥有著名景点、名胜风景区、交通物流节点、城乡连绵带等，或具有丰富乡土文化、多样农耕体验、精彩农业节庆、优秀旅居场所，围绕特色资源开发形成"乡字号""土字号"等乡村休闲旅游产品。

2. 设施条件良好。

一是基础设施完备。具备良好的基础设施条件和完善的接待服务能力。乡村休闲旅游点交通、水电气、通信、网络等基础设施完备，餐饮、住宿、休闲、体验、购物、停车等设施条件符合相关建设要求和标准，公共安全、健康卫生、教育培训等配套建设相对完善。

二是融入现代元素。地方和民族特色文化资源得到传承，乡村原有建筑风貌和村落格局保存良好，民俗文化与现代元素有机融合，融入时尚元素、现代要素、时代朝气。

三是村容村貌整洁。卫生厕所普及率高，主要景点和园区建立了生活垃圾收运处置体系，农村污水得到有效治理和综合利用，农村人居环境干净、整洁，形成一批各具特色、富有乡韵的美丽休闲乡村。

3. 产业发展领先。

一是产业融合发展。休闲农业成为县域经济发展的主导产业之一，产业发展基础较好，已经形成一定规模，东部地区年接待游客200万人次以上，中部地区150万人次以上，西部地区100万人次以上。休闲农业对当地农业全产业链发展拉动作用明显，带动一二三产业融合发展，能够促进当地农副产品及加工制成品产地直销。

二是业态丰富活跃。农家乐、乡村民宿、休闲观光园区、休闲农庄、休闲乡村、康养小镇和教育农园等业态类型丰富，至少具有五项上述类型，分布在县域 1/3 以上乡镇。在全国具有较高知名度的休闲农业和乡村旅游点 5 个以上，包括省级以上美丽休闲乡村（其中至少 1 个中国美丽休闲乡村）、农家乐特色村、休闲农业聚集村、休闲农业园区、农家乐、乡村民宿等，并形成了乡村休闲旅游精品线路。

三是拓展多种功能。在强化农业食品保障功能基础上，依托县域乡村资源，拓展农业生态涵养、休闲体验和文化传承等功能。开发山地休闲、水上休闲、森林休闲、农田景观休闲、草地休闲、沙漠休闲等生态休闲体验项目；创新特色乡土美食、特色农事体验、民俗文化节庆、传统手工技艺、特色艺术表演、地方历史文化重现等乡村文化体验项目；拓展亲子研学、农业科普、中小学学农劳动实践等教育体验项目。至少具有 1 项特色鲜明、效益良好的上述体验项目。

四是富民兴农明显。产业带动能力强，初步形成"美丽生态、美丽经济、美好生活"格局。有效吸引社会资本投入，经营主体创新发展，联农带农机制健全，从业人员中农民就业比例达 60% 以上。小农户经营农家乐、乡村民宿等能够实现稳定就业增收，农民分享二三产业增值收益有保障。脱贫地区通过发展休闲农业保持农民收入稳定增长效果显著，持续巩固拓展脱贫攻坚成果。

4. 组织保障有力。

一是规划布局合理。已制定县域休闲农业发展规划，发展思路清晰，功能定位准确，布局结构合理，体现乡村特色。发展规划与县域国土空间规划、主体功能区规划、土地利用规划、城乡规划、村庄规划等多规合一、紧密衔接。休闲农业发展与村庄建设、环境整治统筹谋划、同步推进,形成产园融合、产村融合、产镇融合和产城融合格局。

二是政策体系完善。将休闲农业和乡村旅游纳入乡村振兴的重要内容,在用地保障、资金安排、金融服务、人才支撑等方面有务实的举措,出台了相应的配套政策,特别在解决供地和融资难题方面取得突破,政策指向性、精准性和可操作性强。

三是管理制度健全。休闲农业管理机制健全,职责职能清晰,工作支撑得力。信息咨询、宣传推介、教育培训等基本公共服务覆盖面广、标准高。行业管理规范,对农家乐、乡村民宿、休闲农园、休闲农庄等经营主体有分类指导的支持政策、市场准入管理制度和相关标准,近三年无食品安全、生产经营、生态环境等领域违法违规事件发生。工作推动有力,形成了多主体参与、多要素聚集、多业态打造、多机制联结、多模式推进的发展格局。

（二）申报确定程序

1. 县级申请。申请县对照基本条件,在自我评估的基础上,填写《2024 年全国休闲农业重点县申报表》,并附休闲农业发展规划及重点县建设实施方案等。实施方案应充分体现重点县建设的推进思路、建设目标、主要内容、产业模式、环境影响评价、运行机制、保障措施等内容。

2. 省级遴选。省级农业农村部门按照《2024 年全国休闲农业重点县申报名额分配表》数量上限对本省份申报的重点县择优遴选并排序,以省级农业农村部门名义正式行文报送农业农村部。在名额范围内同等条件下可优先推荐国家乡村振兴重点帮扶县。

3. 部级确定。农业农村部将组织专家根据基本条件对各地申报材料进行评审,提出 2024 年全国休闲农业重点县建议名单,经复核后公示。公示无异议后，农业农村部发文予以确定。

二、全国休闲农业重点县监测评估

（一）监测对象

2021 年至 2023 年我部发文确定的 180 个全国休闲农业重点县为本次监测对象。

（二）监测程序

1. 县级填报。全国休闲农业重点县农业农村部门填写《2024 年全国休闲农业重点县监测表》，并按照填报说明提供相关证明材料，经县级人民政府审核通过后，报送省级农业农村部门。

2. 省级核准。省级农业农村部门要严格审核休闲农业重点县填报的监测材料，提出监测评估意见，以省级农业农村部门名义正式行文报农业农村部，并附监测评估意见和相关材料。

3. 部级评价。农业农村部将组织专家根据休闲农业重点县报送的监测材料进行科学评价。对第一批重点县开展综合评估，评估达标的重点县继续保留资格，评估不达标的重点县，责令限期整改，整改后仍不能达标的，取消"全国休闲农业重点县"资格。对第二批、第三批重点县开展常规监测，对监测排名靠后的重点县提出预警，并将监测评估结果与下一批重点县省级申报分配名额挂钩。

三、保障措施

（一）加强组织领导。省级农业农村部门要建立"省负总责、县抓落实"的工作机制，把休闲农业重点县作为促进乡村产业发展的重要抓手，加强协调，加大投入，强化指导，重点打造。休闲农业重点县要成立工作推进指导组，细化实施方案，强化责任落实，有序推进休闲农业重点县建设。注重经验总结推广，树立一批典型，打造一批品牌，营造推动休闲农业持续健康发展的良好氛围。

（二）加强政策扶持。地方农业农村部门要主动加强与发改、教育、财政、金融、文旅等部门的沟通协调，统筹资金安排，加大支持力度。鼓励创新投资、建设、运营方式，引导农业、文旅企业等社会资本参与休闲农业重点县建设，完善利益联结机制，让农民更多分享产业增值收益。

（三）确保工作时效。省级农业农村部门要及时组织开展休闲农业重点县申报和监测工作，于 2024 年 6 月 17 日前将省级文件（推荐意见和监测评估意见）、申报表和监测表等相关材料纸质版 1 份报送农业农村部乡村产业发展司（农产品加工指导司）。同时，按要求完成上述材料的线上提交工作，确保电子版材料和纸质版材料相符。对于数据不实、材料不全或滞后报送的将不纳入本次建设范围，超过名额申报的将退回申报材料。

农业农村部办公厅

2024 年 4 月

附录5

农业农村部办公厅 中国农业银行办公室关于
加强金融支持乡村休闲旅游业发展的通知

农办产〔2021〕4号

各省、自治区、直辖市农业农村（农牧）厅（局、委），新疆生产建设兵团农业农村局，中国农业银行各省、自治区、直辖市分行，新疆生产建设兵团分行，各直属分行：

乡村休闲旅游业是农业功能拓展、乡村价值发掘、业态类型创新的新产业。加强金融支持乡村休闲旅游业发展，是金融支持农民就业增收、满足城乡居民美好生活向往的重要内容。为贯彻中央一号文件精神和《国务院关于促进乡村产业振兴的指导意见》要求，加大对乡村休闲旅游业重点领域信贷支持、着力打造乡村休闲旅游升级版，现就有关事项通知如下。

一、明确金融支持乡村休闲旅游业的总体要求和发展目标

以习近平新时代中国特色社会主义思想为指引，立足新发展阶段，坚持新发展理念，服务新发展格局，以创新驱动、绿色引领、联农带农、融合发展、市场导向为原则，紧扣乡村休闲旅游业高质量发展目标，以农村一二三产业融合发展为路径，拓展乡村多种功能，拓展产业增值增效新空间，聚焦重点区域、重点领域、重点主体，创新金融服务方式，发挥中国农业银行资金、技术、网点和综合经营优势，加大信贷投放力度，提升金融服务水平，提高融资能力，拓宽融资渠道，打造乡村休闲旅游精品工程，为乡村全面振兴和农业农村现代化提供支撑。

"十四五"期间，中国农业银行向中国美丽休闲乡村范围内各类经营主体提供人民币1000亿元意向性信用额度，优先保障中国美丽休闲乡村信贷需求。

二、聚焦金融支持乡村休闲旅游业的重点

（一）聚焦重点支持区域。以农业农村部推介的中国美丽休闲乡村和全国休闲农业重点县（以下简称重点县）为重点区域，满足该区域内乡村休闲旅游经营主体融资需求。

（二）聚焦重点支持主体。支持重点区域内的农户、农村集体经济组织、农业企业、文旅企业、农民合作社等经营主体发展乡村休闲旅游业。各省（自治区、直辖市）农业农村厅（局、委）、中国农业银行各级行要积极配合有关部门，整合社会信用信息，完善信用共享机制。中国农业银行各级行要用好信用评价体系，综合客流量、人均消费额、项目现金流等因素，推进信用档案建设工作。将符合条件的农家乐、乡村民宿等小微企业、农户纳入白名单管理，努力做到应贷尽贷。加大对财务制度健全、产业特色鲜明、现金流稳定的农村集体经济组织支持力度。

（三）聚焦重点支持领域。支持重点区域内的各类乡村休闲旅游经营主体发展田园观光、农事体验、休闲度假、科普教育、健康养生、红色旅游、特色餐饮、民俗体验、乡村民宿、共享农庄、线上云游等多种业态，完善水电路讯网等基础设施和配套设施建设。聚焦乡村休闲旅游精品工程，对乡村休闲旅游产业链上经营主体提供全覆盖、全方位、全链条金融服务。

三、创新支持乡村休闲旅游业的金融服务产品

（一）创新金融产品。在中国美丽休闲乡村和重点县范围内，积极推广"景区开发贷""景区收益权贷""惠农 e 贷"和"农家乐贷"等中国农业银行特色产品。中国农业银行各一级分行可在符合国家法律法规和监管规定前提下，因地制宜出台区域性金融产品或服务方案，突破中国农业银行总行（以下简称"总行"）规定的，按要求报总行批准或备案后实施。中国农业银行各级行针对乡村休闲旅游经营主体出台的融资政策或产品，可优先在中国美丽休闲乡村和重点县开展试点工作，优先满足乡村休闲旅游经营主体的融资需求。

（二）拓宽融资渠道。中国农业银行支持符合条件的乡村休闲旅游企业发行相关债券及证券化产品，提高乡村休闲旅游业直接融资能力。组合运用票据、并购重组、非标融资等方式，多渠道、宽领域提高综合服务水平。

（三）助力行业纾困重振。积极帮助受疫情影响严重的乡村休闲旅游企业和经营户恢复经营，在符合中国农业银行信贷政策前提下，坚决不抽贷、不断贷、不压贷，通过重新约期、贷款展期、无还本续贷等方式缓解到期还款压力。针对中国美丽休闲乡村范围内有资源优势、信用条件较好但因疫情导致暂时存在困难的经营主体，要主动让利、切实降低融资成本。

（四）科技赋能智慧金融服务。聚焦"互联网＋旅游"，积极提供各类开放银行产品和智慧景区、智慧停车、智慧物业等场景金融服务，推动数字技术在金融服务乡村休闲旅游业中的应用。对于有资金溯源监管需求的项目，探索建立线上资金监管平台，提升资金穿透式

监管能力。综合运用大数据、区块链等技术，加强乡村休闲旅游数据积累和共享，为信贷投放提供支持，提高信贷风险的识别和预警能力。

四、强化金融支持中国美丽休闲乡村措施

（一）纳入专项金融产品适用范围。将中国美丽休闲乡村纳入《中国农业银行乡村旅游重点村贷款管理办法》（农银规章〔2019〕191号）适用范围。在符合法律法规和监管规定的前提下，中国美丽休闲乡村范围内，单户授信1000万元（含）以下的中小微企业、个体工商户和农户贷款，需在额度、期限、担保、用信条件、还款方式等方面突破总行政策制度和产品规定的，授权中国农业银行一级分行自主审批或核批授用信业务；各级农业银行可根据经营主体风险特征、项目周期等特点，在利率审批权限内自主定价。运用支农支小再贷款、再贴现等工具，降低经营主体融资成本。

（二）优化信贷投放条件。对拥有独特经营资源、经营效益好、讲诚信的小微企业和农户，以及从业经验丰富、经营前景好的行业带头人、致富带头人，符合条件的可采用信用方式发放贷款，贷款方式可采用自助可循环方式。对符合条件的经营主体，逐步加大"首贷户"支持力度，以及中长期贷款投放力度。

（三）探索多样化担保方式。中国美丽休闲乡村范围内乡村休闲旅游相关各类主体可采用设施抵押、地上附着物抵押、股权、经营权、订单质押、保证担保等方式贷款。确权颁证、抵押登记等外部条件具备的地区，可按规定办理集体经营性建设用地使用权、农村土地经营权抵押贷款，探索集体资产股份质押融资模式和农民住房财产权抵押贷款。通过合作社内部联保、互助担保等方式对合作社及其成员提供信贷支持。鼓励各级农业银行与农业担保公司合作，发挥融资担保基金、产业基金作用，通过第三方增信方式提升承贷主体融资能力。

（四）优化业务办理流程。针对中国美丽休闲乡村范围内普惠型小微企业贷款，积极推广调查、审查"平行作业"和"最多补充一次＋限时办结"工作机制，切实缩短贷款办理时限。为普惠型小微企业贷款时，中国农业银行一级分行可在总行授权书范围内整合业务环节，将客户评级、客户分类、授信、用信、定价审批权集中在同一层级，推行多事项一并审批。对于小微信贷产品创新和整体服务方案制定，在确保审查审批独立性前提下，可纳入平行作业范围。

五、建立常态化合作机制

（一）建立工作协调机制。各级农业农村部门和中国农业银行各级行要把支持乡村休闲旅游发展作为一项重要工作，加强组织领导，建立高效的部门协调机制，共同做好金融服务。中国美丽休闲乡村和重点县所在地的中国农业银行要及时收集相关客户、项目需求信息，做好乡村休闲旅游金融需求的调查、客户（项目）筛选等工作，确保金融服务落地。加大乡村休闲旅游资源聚集地区金融创新力度，探索金融助推乡村休闲旅游发展的有效模式和长效机制，推进各项工作举措落地生效。

（二）建立科学决策机制。乡村休闲旅游项目的各级主管部门要加强前瞻性研究，科学规划、合理布局、明确责任、强化担当、综合施策，避免出现"半拉子"工程或"烂尾"项目，着力把各项措施落到实处。中国农业银行各级行要在符合国家法律法规和监管规定的前提下，结合区域规划和市场前景，认真做好项目可行性研究和风险评估，选准、选好融资项目，客观评估融资需求，统筹项目资金和工程进度，合理安排资金投放，提升金融服务的精准性和持续性。

（三）建立信息共享机制。各级农业农村部门要及时向同级中国农业银行通报乡村休闲旅游政策、发展规划及动态监测情况。中国农业银行要将有关"三农"金融、信贷方面的政策和信息、金融需求情况、金融服务情况及时向农业农村部门通报。省级农业农村部门和中国农业银行各省行要定期分析项目推荐、贷款投放和经济效益等情况，报送农业农村部乡村产业发展司和中国农业银行三农对公业务部；积极探索依托新农直报系统建立名单信息和信贷情况共享机制，完善农村金融对接平台。

（四）加大典型宣传力度。中国农业银行各级行要认真总结在拓展融资渠道、创新金融产品、探索有效担保方式、优化信贷流程、助力乡村休闲旅游业疫后重振和转型升级等方面的主要模式和典型经验。各级农业农村部门和中国农业银行通过编发简报、媒体报道、网站发布等方式广泛宣传典型经验，带动更多地区推广金融支持乡村休闲旅游业发展的经验。

各级农业农村部门和中国农业银行各级行要认真贯彻落实本通知精神，将执行过程中遇到的新情况、新问题，及时向上级部门报告。

农业农村部办公厅

中国农业银行办公室

2021 年 5 月 17 日